北 美 二 十 年

茉 莉 清 香 著

DIXIE W PUBLISHING CORPORATION U.S.A.

《北美二十年》　　茉莉清香　著

封面设计：　庄倩

作者简介

茉莉清香，1996 年移居北美。做过学生、保姆、电脑工程师、老师、商人。二十年跨行业的游走让她有更多机会接触到不同领域的人群，从而更了解北美社会及各种族移民特有的思维方式和生活状况。

茉莉清香相信：读万卷书、行万里路、识人无数是一个人获取智慧的最佳途径。她更坚信：智慧之上最伟大的力量就是"爱"。2010 年她出版了英文随笔集《The whisper of Love》（爱的低语），与读者们分享了有关爱的感悟。

茉莉清香现与先生和女儿定居美国密西根州。

目录

第三辑　混迹职场

第四辑　行走天下

第五辑 近看老美

第八辑 我思故我在

谨以此书献给那些热爱且认真咀嚼每一天平凡生活的普通人

自序

生活是一首曲

一晃眼，已经在北美生活了二十年。最初的十年，像一匹被人抽着鞭子往前奔的马。没有时间停顿，没有精力思考。然而，人毕竟不仅仅是动物，吃饱穿暖后就会有精神的诉求。为了满足自己的精神需求，我开始提笔，回顾自己走过的路，经历过的人和事。

出乎我意料的是，这样的个人回顾还赢得了许多读者的共鸣和感慨。让我感受到了一种分享的力量。于是，写作成为了一种分享，分享我的经历，分享我的感受，分享我的旅程。

透过这样的分享，我更了解真实的自己，更享受每一天平淡的日子，更珍惜生命中相遇的人和事。从第一次提笔至今，十年的光阴在指缝间悄然滑过。感谢美国南方出版社的编辑们能帮助我将这十年间分享过的故事集辑成书，与更多的国内外读者分享。

真心希望读者能在这本小书里，寻到怦然心动的感受，找到似曾相识的体验，获得一些享受和正能量。

我们都是极普通的平凡人，能有机会生活在一个没有大规模战争的高科技的现代社会中，我以为对于普通人来说，这是极大的福气。

虽然许多人称这个时代为小时代或平庸的时代，然而这却是一个可以做梦的时代。所有的个人梦想，只要你够努力，够坚持，梦想就有成真的一天。

我感恩生活每一天的馈赠，无论是苦还是乐，我都将它视为我成长的阶梯。在我眼里，生活是一首曲。每一天，我们都在谱写着属于自己的独特音符，是喜乐、是哀伤还是激昂，都在每一人自己的手中。

愿我平凡的故事能在你追梦的旅途上带给你一丝温暖的鼓励。

移民之路

来加十年

一阵铃声，将我从睡梦中惊醒。恨恨地把钟铃关掉，望望窗外阴郁的天，睡意朦胧的我把软软的被子使劲往身上裹，心里想著："我不要起床，我不要上班。" 对着已经开始漱洗的老公喊到："今天我不去上班了！"

"为什么？"他诧异道。

"我昨晚没睡好，头痛得厉害……"回答的声音越来越弱。

不是真的没气力，而是有点心虚。老公转身认真地看了我几秒，说道："好吧，你睡吧！我给你请假。" 于是闭上双眼，卷缩在温暖的被窝里，想重新进入梦乡。

可梦既醒便难以再成眠，只能悻悻起床，匆匆漱洗。离家前无意瞟了一眼时钟，赫然发现今天是 9 月 18 日。

这是一个多么值得记念的日子！十年前的今天我和老公拎着四只皮箱告别亲人、家乡和故土，开始了异国漂流的旅程。十年岁月，恍然若梦，却又清晰如昨。往事如烟、如云，在心海中飘浮。

1、初尝离国滋味

十年前的那个夜晚已记不清是否有星星和月亮。只记得一个瘦小的广东男子举着写有我们名字的牌子把我们接离机场。半个多小时后，我们站在 Scarbough Inn 接待厅里，他交给我们一把钥匙说道："你们移民公司交给我的任务已经完成，你们可以在这住五天，五天后你们必须另找地方，否则你们自己需再付旅馆费。祝你们好运！" 没有留下名字，没有留下电话，只有一个匆匆的背影消失在黑夜里。

我们进入房间，拧开台灯，晕黄的灯光点亮了一室的温馨。我和老公相视一笑，互相不约而同地问对方："我们真到加拿大了？"眼神里夹杂着兴奋和茫然。老公绕着房间转了一圈，我的眼睛也开始四下打量：床、桌子、电视……老公突然站立在屋中央微笑着感叹道："好，很好！比北京人在纽约强多了！打电话，赶快给家里打电话报平安。"虽然才离家一天一夜，可在心里却好像离别了很久很久。千山万水外的亲人啊，我们多么思念你们！如果说第一个夜晚对家人的思念还象是一条清清的小溪，那么在后来的几个月里，我却尝到了思念如海，思念如潮的离国痛苦。我从小因为家庭的原因，常常从一个城市辗转到另一个城市，与家人分别是我所习惯的情景。我一向以为自己是一个习惯于流浪的人，可这一次却让我尝尽了"离情恰如春草，更行更远还生"。

在旅馆生活的五天里，我们办理了在加拿大生活所需的所有证件，并且租到了五天后可以居住的房子。也在路上，车上，结交了几个同为天涯人的朋友。为了省钱，很多时候我们放弃坐车而选择走路。偌大的多伦多，我们常常走上一整天，那是我们一生走路最多的日子。在秋日阳光下的多伦多走路其实并不是一件苦差事，有碧绿的青草、有芬芳的花朵、有蔚蓝的天空、有纯白的飞鸟，可异乡的美景对于一个思乡者来说不具任何意义，反而让我更想念家乡的秋日。有时，我甚至像一个挑剔的游客，对多伦多横挑鼻子竖挑眼。觉得它远没有电视节目里看到的那样干净和美丽。所有的建筑除了城区的几幢外，其余的都显得笨拙，呆板。他们像方方正正的大火柴盒随意地被丢弃在旷野上，东一处、西一处，毫无情调，毫无美感。真可谓"境由心生"。在那个星期我们省吃简用，创造了三天只吃方便面和榨菜的奇迹。可我们却花了百余元的加币在电话费上。我觉得那时的我们就像两只风筝，在高高的空中飞舞，不知会被风吹向何方。而电话线则连接了我们和远方的家人。捧着电话，听着话筒里传来的熟悉的乡音时，我知道：我们不会迷失，我们不会失落，因为有爱的牵挂。

2、再品立足艰辛

在尝尽"独在异乡为异客"的孤独和思乡滋味的同时，我们开始面临新的、更大的挑战，那就是如何在加国立足。

在旅馆的最后一天下午，我们的房东开了一辆面包车来接我们。那是一幢座落在 Dondus 地铁附近的白色二层楼房。从外表看与其他居民住宅没什么区别，但一进楼就发现它实际上已被改装成公寓式的楼房了。每一层有三间房，每间房有自备的卫生间，每个楼层都有一个公用厨房，厨房就设在过道的一角，三家共用。我们的房间在二楼，推开房门，只见有一张很旧的桌子和三把不配套的椅子，一个冰箱。房东很抱歉地在身后说："对不起，床还没给你们做好，过两天一定给你们一张新床。"我们眼前的房间虽然简单破旧了些，但毕竟是我们到来加拿大的第一个家，我们欣然接受并用家的眼光看待它。俗话说："金窝，银窝不如自己的狗窝。"晚上我们就把从国内带来的毛毯铺在地上再垫上一层被，戏称它为："榻榻米"。睡在这个简易的榻榻米上并没有让我们多难受，直到有一天，老公被脸上一阵麻酥酥的感觉弄醒，用手一抓，居然是一只蟑螂。过了几天又在楼道里看到小老鼠，我们开始期盼一张床，因为真的害怕与鼠同眠。拥有一张床便成了我们到加后头几个月里梦想中的奢侈品。

虽然没有床，但我们有一间属于自己的栖身之处。为此，我们感到很幸运也很踏实。只是下一步该怎样行呢？我们有点茫然。正好隔壁住着一对和我们年龄相仿来自上海的新移民夫妇小峰和小梅，可能是相似的背景和经历，我们很快就成了朋友。他们提供给我们一些信息和建议。于是我们决定先到附近的成人高中（专为新移民办的）注册学英文。到了学校碰到几个中国同胞，都是新移民。校方发给我们每人一张考卷要求我们考一下，其中有人要求免考，说有托福成绩。老师听后笑道："中国人都有很高的托福成绩，但实际英文不够好。"我们听了心里很不是滋味，但事实确实如此。过去在中国，一直感觉自己的英文还是挺不错的，一个外企跳到一个外企靠的不就是英文吗？可一出来才真正感到：到了国外，才知道英文有多么不好。自信心大受打击。可技不如人只有迎头赶上。考完后，老师说："今天真奇怪，一早来的全是中国人，而且英文水平也差不多。把你们都放到中级，但不同班，免得你们在一起说中文。"

于是我们开始了全日制英文学习生活，白天上完课，晚上再到另一所学校学习。三个星期过去了，我们的英文并没有多么大的突飞猛进，可钱袋里的钱却越来越少，我们的心情也随之低落。看看隔壁的小梅和小峰，他们每天既打工又学习，生活相对更务实。显然我们也必须这样做了。起初我们按着报纸的广告打电话求职，但都无结果。小梅将她的经验告诉我们："你们必须按着地址亲自去找。"小梅还告诉我们说："要找工，你们得趁早，冬天来了，打工机会更少。"我们听后，只好中途退学。开始另一段的全日制找工生活。

每一天我们背上干粮和水，买两张 Daypass，按着报纸的广告满多伦多大街跑。但每一次，我们都是抱着希望出去，带着失望回来。虽然我们到餐馆都号称有多年打餐馆经验，雇主只问几句便说："好，把姓名电话留下，我们需要时会通知你们。"但之后总是音讯全无。多年后我们才意识到当年的谎言多么可笑。你若真有多年打餐馆经验，那么起码你能懂广东话。可每次雇主对我们说广东话，我们只能用英文相答。当然一下就被人识破。可当时我们并不了解这点，唯一的愿望就是找一份可以养家糊口的工作。我们坚持不懈早出晚归地找工，在路上我们就用八十年代初的中国留学生艰苦创业的故事激励彼此。两个多星期过去了，我们俩谁都没找到工。有一天我们一早出门，像往常那样按着前一晚列出的一连串目的地进发。

第一家按着报纸的地址乘车到了那儿，下了车却怎么也找不到报上登的号码。问了人才知道这条路分两段，那个号码在另一段，离此地还有很远。我们决定放弃这家，继续下一个目标的寻求。当暮色降临的时候，天开始下起了阴冷的秋雨，风中夹带着初冬的凛冽，我们一无所获的站在街头。老公说："看来今天又没戏了，只是我们一早没找到的那家好像离这儿不远，要不我们再去试试？不过要是你累了，我们就算了。"我咬咬牙说："不累，去吧。"

在暗淡的灯光下我们终于找到了那个门牌号码。面包甜点的香味从门缝里向我们袭来，我们深吸一口气，忍不住赞道："真香啊！"推开门，一中年男子微笑着用国语主动和我们打招呼。这是找工以来，第一次有人用国语和我们说话，我的心一下子感到温暖了许多。中年男子来自广州，是这个饼厂的经理。他很坦率地和我们讲述他自己的故事。他的妻儿还在国内，已经有很多年没见了，他每天都希望能早日将她们接到加拿大，可是……我们认真地听着他的故事，也将我们的处境告诉他，希望他能给我们一个机会，一份工作。他听后面有难色，告诉我们："在你们之前已经有很多人来过了，其中也有朋友介绍的，要不你们把名字留下。"一听到留名字，我的心就往下沉，我知道那便是没戏的预兆。仗着他对我们的好感我有些耍赖地对他要求道："现在就告诉我们行不行吗？我们不想等电话。"老公也开始吹嘘自己如何地强壮和吃苦耐劳。最后他终于被我们感动，让老公后天去上班，却对我说："这活不是女人干的，以后如果我知道有什么适合你的，我会告诉你老公。"

走出饼厂，我们身上满是甜腻腻的香味。风依然冷冷地吹着，雨依然凄凄地下着，我心灵的天空却是一片风和日丽。在昏黄的路灯下，我随着风，我沐着雨，我在风雨中翩翩起舞。我感觉我们像两棵被移植的树，终于在异地找到了一块可以让我们扎根的土壤，我们立足了！

3、打工记

两天后的一清早，老公很兴奋地起床，像即将出征的战士带上所有装备，整装待发。上班时间虽然是上午 11：00 点，但因路程遥远，故需提前一个半小时走。

9：30 不到，他就提起背包往外走。我送他到楼下，他对我挥手说："我走了，没事，回去吧！"

那情景现在想来，简直就像过去电影里农家小媳妇送丈夫上战场似的。不过，那时候可没觉得，只感到去打工，去打我们千辛万苦在加拿大找到的第一份工是一件非常神圣和了不起的事。送走老公后，我又开始拿着报纸翻广告找工作。晚上 10 点左右老公终于回来了，手里捧着一个大盒子。"老婆，给你。" 说着便把盒子递到我手上。打开一看，是满满一盒西式点心。我吓得说："你怎么可以拿厂里的东西！"因为小梅曾说过，她的老板娘要求把当天没有卖出去的点心下班后一律扔掉，这是加拿大食品行业的规矩。尽管她的老板娘也是上海来的老移民，但从不允许她带走任何甜点。老公笑着说："别怕，是老板让我带回家给你吃的。不拿就全部扔掉。老板是香港人，挺和气的。他说，我们才到加拿大不容易。"听了他的解释，我才高高兴兴地去品尝这些香喷喷的点心。我拿出些分给隔壁小梅和楼下的另一对上海小夫妻。此后一个多月，我们三家的早餐大都来自饼厂，我们甚至开始挑肥拣瘦，要求只带我们喜欢吃的。而老公也真正尝到打工的辛劳。每天除了要在路上花三个小时外，要在工厂干九小时，这九小时除了中午十分钟吃饭可以坐下，其它时间必须站着。对于老公这种在研究所工作十年，大多数时间都是坐着工作的人来说，这种转换的确不容易。每天回家他累得半死，脚也肿起来，我得给他按摩双腿才能减轻一点他的不适。因为劳动强度大，饭量也剧增，每天他都需带上满满一书包的食物。后来老公对我说："我们已经有收入了，你暂时就在家吧。别找工作了。回家后我还有口热饭吃。"于是我便基本停止看报找工，只专心在家烧饭，烹饪技术也大大提高。

有一天接到一个电话，要找老公。我说：他不在，你有什么事吗？

她说："我们餐馆急需一帮厨，你老公可以来吗？"真是奇怪，我们前段时间找工简直是踏破铁鞋无觅处，现在可好，工找到我们头上了。

我说："他已经有工作了，我可以来试试吗？"

她说："那是男人干的，你不行。"我对着电话坚持说我行。

对方说："那好吧，你明天来试试。但我只给你五十块一天，因为你没有经验。"

第二天，我按着地址在上午 11：00 的时候准时赶到餐馆。餐馆不大，是一对台湾夫妻开的。除了夫妻两人外，还雇了一位厨师，一名女招待。先生负责厨房，太太负责前台。厨师是湖南人，已在这个餐馆工作多年，一直称老板对他有恩，我也不想打听细节。老板很健谈，说他以前是学医的，因为没找到医职又不想改行学其它，故自己开起了餐馆。餐馆的客人并不多，可厨房的活却很多，一会儿撕一萝筐鸡腿皮，一会儿切肉，一会儿剥虾仁，总之忙个不停。到下午六点多钟的时候，我已经累的腰酸背痛。老板好像看出我的体力不支，专门拖了一个可坐的大纸包让我坐下干活。厨师笑说我的待遇很特殊，没见过帮厨可以坐着干活的。我不以为然。为什么不可以坐着干能坐着干的事？厨师拿着拖把拖地，又对我说这其实也是帮厨的事。我说："那你放在那儿，我一会儿来拖。"

"算了，你都累成这样，我那忍心让你拖。" 他笑道，"你今天真很幸运，客人不多，客人多的话，我想帮你也没时间。" 看看餐厅，客人的确不多。可谁知，九点过了，一下来了好几批客人。我们全都象打仗似的忙起来，我又是洗碗，又是洗菜，一直到十一点多才算结束。吃饭的时候，老板对我说："莉莉,明天你不要穿毛衣来，厨房气味太重会把你的衣服弄坏。"

我马上接口到："老板，对不起，我明天不来了。"

话音刚落，老板娘马上说:"我知道你干不了，下次还是到我这来当女招待吧。" 我用余光扫了一眼厨师，只见一个如释重负的微笑在他的嘴角漾开。他用轻快的语调对我说："莉莉,一会儿我送你回去，天太晚了，你一个人不安全。"

在送我回家的路上，他很诚恳地对我说："莉莉，我挺喜欢和你一起干活的，只是这份工作真的不适合你。"

我笑道："我知道，今天你快成了我的帮厨了。谢谢你！"他笑了，一脸无瑕。我回到家，腰酸背疼好多天才缓过劲来。也算第一次体会到了在国外打工的辛劳。

之后，我又成了待业青年，家庭主妇。一天，我在报上看到一酒吧招工广告。上面赫然写着："无需经验"，这对我有很大吸引。找了这么长时间的工还没有看到过无需经验的呢。晚上等小梅回家，连忙跑去问她有关酒吧工作情况。小梅曾在酒吧里工作过。她告诉我，在酒吧工作没什么危险，小费也比一般餐馆高，只是有些客人喝酒喝得很厉害，有时甚至吸毒。不过跟女招待没什么关系，那是老板的事。她鼓励我去试试。

于是，我按着报上的号码打了电话，接电话的是一个普通话说得很标准的男人。他说他就是我要找的威克多。我说我看了广告，我希望有机会工作。他问我住在哪里，我告诉了他，他让我第二天下午三点到 Midland 地铁站外等他，他会在一辆白色的小车旁等我。次日下午，我如约前往并见到了威克多--一个三十多岁的男子。在车上他告诉我，他是广州人。我很惊讶他的普通话里明显带有北京腔。他说那是他前女友的功劳，他前女友是北京人。在车上，他开始问一些我个人的情况，我像小学生似的一一回答。车开了一会儿，他在一家餐馆门前停下，我以为那就是我将工作的地方。谁知他问我想吃点什么？我说我吃过了。他为自己点了一碗面。一边吃一边和我闲聊并告诉我，在他那工作的还有另外两个女孩，她们来自杭州，都是学生。吃完后，他又开了很长一段路才到了一个小型购物中心。他带我走进一间门面不大的餐馆，他和里面的人说了几句就转身对我说："这个地方白天租给其他人作自助餐厅用，晚上就租给我做酒吧。明天你就到这来上班。"我说："这是哪啊？这么远，我没法来上班啊。"他说："没事，明天晚上九点，我会让一小伙子到你家去接你。上班时间是晚上九点到凌晨三点。我想这时间不错。白天还可以在家为老公做饭，真是打工做饭两不误。

第二天九点左右，果然有一小伙来接我。一坐上车，我就开始打量小伙，发现他很年轻，约莫十八、九岁。他意识到我在看他，转头用怪怪的国语对我说："你是不是发现我长得有点怪，我是混的，我爸爸是葡萄牙人，我妈妈是广东人。"我这才注意到他的确是高鼻，大眼，黄皮肤。他是一个快乐单纯的大男孩。他说他的梦想就是三十岁之前成为百万富翁。他略带伤感地说："要是三十岁之前不能成为百万富翁，我这辈子就完了，再也没有成功的希望了……"我听后不觉哑然失笑。在十八、九岁人眼里，三十岁一定是一个很老，很老的年龄。他们以为所有的梦想都必须在年轻时实现。殊不知，人生是一个漫长的成长过程，成功与失败是没有时限的。重要的不是在人面前是否成功与失败，而是在生命前行的过程中，我们的心智是否真正成熟。但他太年轻，还不懂这些。我们一路风驰电掣。他说他喜欢风的感觉，为此吃了不少罚单。很快我们就到了工作地点。其他人都没到，他麻利地重新排列组合桌椅，我要帮他忙，他说不要，这不是女孩子做的。

我笑问他："那什么是我该做的呢？"

他说："威克多会告诉你的。"

半个小时后威克多来了。过了一会儿，两个长得挺漂亮，打扮也很入时的女孩子也来了。她们对我很友好。一个小时过去了，一个客人都没有。我有点心慌，不知所措地坐在那儿。两个女孩倒是很安心，一会儿和威克多说笑，一会儿又去逗逗那个大男孩。后来她们索性自顾自唱起卡拉 OK。十二点了，还是没有一个客人。我心里嘀咕：这是什么破酒吧，还请这么多人，看你怎么付我们工钱。威克多对我们说："再等一会儿，没有客人我们就收工吧。"又过了一阵，两个女孩对威克多说了声："Bye-Bye."就往外走。可几乎同时，有五个年轻男子走了进来，那两个女孩也就留了下来。待他们坐定后，我赶快跑到吧台要帮端饮料和酒。

男孩说："我是招待,这是我应该做的事。"

就在我不知所措时，我听到威克多叫我。我跑过去。

威克多对两个女孩说："今天是莉莉第一天上班，你们带她过去和客人聊聊天。"我只好跟着她们坐到客人旁边。一聊发现他们来自台湾。都在 IT 行业工作。我问他们知不知道台湾的英业达公司，他们说知道，一个相当不错的公司。我说我来加拿大之前就在这家公司工作。他们很惊讶，问我为什么现在在这儿工作。我说我要养活我自己呀。我在加拿大没有任何工作经验，我需要经验。他们笑说这儿的工作经验对你未来没用。两个女孩看我和他们谈的挺投机，就站起身，跑到旁边去唱歌。两点左右，他们付钱离开，临走前，其中一位对我小声说："这儿不适合你，换个工打。"回到家，我告诉老公我的感受，我怎么感觉不太像真正的女招待，倒有点像人们所说的陪酒女郎。老公说："既然如此，那就别去了。"

我说："明天我再去一次，把今天的工钱拿到。"

第二天，到了那儿发现老板威克多已经先到了，另外还有三个陌生的女孩。有两个打扮前卫，说一口流利的英文，一看便知是第二代移民。另一个穿一件紧身黑衣，年龄稍长，一个人很落寞的坐在一旁。我跑过去和她搭讪。她告诉我她白天在衣厂打工，晚上想到这儿再赚点小费。我说你不睡觉啦，这要两点多才收工，你第二天再去上班能行吗？她说她想试试。在我们闲聊的时候，有几个客人光顾，一个显然是老顾客，两个杭州姑娘和他很熟的打着招呼。两个前卫女孩被老板喊去招呼刚进门的客人。老板经过我身旁时，打量我一下，突然对我说："莉莉,明天你换件衣服。" 我不由地低头看了一下自己的穿着，一条牛仔裤，一件宽松粗线毛衣。我不高兴地回道："换什么衣服？"

他指指我身旁的黑衣女郎："像她那样风格的衣服。"

我马上摔过去一句："我没有。"他看看我，笑笑地走开了。过了一会儿，他又急急地跑到我身边对我小声说："莉莉,帮我过去照顾一下那个客人，他不想跟那两个女孩聊天。"

我抬眼望去，只见前卫女孩们正悻悻离开座位，朝我们这走来。我看看老板，想想他其实是个挺不错的人，生意做的也不容易，就帮帮他吧。这样一边想着一边就答道："好吧，那我试试。"我走到那个先生面前，笑着问他："先生，你愿意和我聊天吗？" 他抬眼看我，我也低头看他，一个斯文的戴着眼镜中年男人。他用香港普通话对我说请坐。我坐下后，他问："小姐，怎么称呼你？"

我答："莉莉"

他用很奇怪的眼神看着我说："你怎么和她们不一样？"

我问："怎么不一样？"

他说："穿着啦，气质啦。"我耸耸肩不知如何作答。

他又问："你在这工作了多久？"

我说："两天。"

他说："难怪，你要是工作久了，可能会和她们一样。"

我答："可惜没有这种可能，我不打算干了。今天是我的第二天也是最后一天。"他接口道："这的确不适合你，你从那来？"

我答："南京。对了，怎么称呼你呀？"

他沉吟片刻道："姓丁"

我说："哦，叫丁一。"

他看着我笑道："为什么叫我丁一。"

我说："你连你姓什么都要想一会儿，那说明你不想告诉我你的真名字。既然给自己取名为丁，那就简单到底，叫丁一好了。"经过这番对话，我们彼此的戒备好像一下减少了许多。之后的聊天也显得自然和轻松。谈话内容很少涉及个人，我只知他是在加拿大完成学业，后回香港发展。他对大陆的很多事都有所了解。故我们的话题从大陆的现状到历史、文学、地方风俗。时间很快过去，当他抬臂看表时，时间已近一点。他对我说："时间不早了，你不是说你不想在这儿干了吗，那我送你回去，你愿意吗？"

我说："好啊。" 他就跑到老板那儿去说了几句。老板又把我叫到后面对我说："莉莉，那位先生要带你出去，你愿意吗？"

我说："愿意啊。"

他说："如果有什么事，你给我打电话，不过他看上去是一个很好的人。"我点点头便跟着那个丁先生往外走。

混血男孩快乐地跟在我身后悄悄地对我说："莉莉，他很有钱。"

我说："你怎么知道？"

他说："你看看他的车，还有他给我的小费。" 说着把手上拿着的钱在我眼前晃了晃。我坐上车，丁先生转头对我说："你知道这是什么车吗？"

我答："对不起，我不懂车。"

"坐什么车很重要吗？" 我反问道。他笑笑不语。我们又开始闲聊。车开到市区，他在一家银行门口停了下来，叫我坐在里面别动，他一会儿就回来。过了一小会儿，他就匆匆出来，继续开车送我回家。当车开到我所住的小白楼前，我对他说了声："丁先生，谢谢你送我回家。"就准备开门离去。

他说："等一等。"从口袋里掏出一个信封对我说："莉莉，这里面有一千五百加币，我本来想到银行去取一张千圆加币给你看看，可惜他们关门了，机器里出不来这么大面额的票子。我想这一千五百够你两个月生活费了。明年一月去上学吧。打这些工对你没有任何好处，别浪费时间，好好复习功课。"我听了他的话心里万分感激，我对他说："谢谢你，丁先生。话我记住了，但钱你收好。我受的教育是'无功不受禄'谢谢你一片好意。我走了。"刚要推车门，他一把拉住我，态度很诚恳的对我说："莉莉，你听我说，我在加拿大受了教育，我很喜欢这个国家。可是这么多年我都在香港做事，很多年都没有给这个国家交税。你收下这些钱只当是替国家收税。"我听了这话忍不住笑了起来。心想：什么逻辑？他将信封往我手里一塞说："下车吧。你别把我当成你们的雷锋，要是你不漂亮，我可能也不给你。"说完慧黠地对我挤挤眼睛。我下了车，看着手中的信封，心里百感交集。在我过往的生命历程里，得到了太多的友爱、鼓励和支持。也正因为这些，在生活的道路上无论碰到什么样的困难和挫折，我都尽力坚守做一个诚实和善良人的信念。

此后，老公接到渥太华大学要求他的 GRE 分数的来信。老公便辞去饼厂工作，专心在家学习，准备考试。而我也在不久找到一份为别人带孩子的工作。那一年的圣诞，我们和小峰、小梅以及其他几个新认识的朋友在我们住的小楼开了一个快乐的圣诞新年聚会。之后，我们就搬到多伦多北面，离要带的孩子家近一点的地方。女儿也在四月由朋友从中国带到了我们身边。我们一家终于在多伦多团圆了。

在随后的一年里，我带着五岁的女儿梦迪，三岁男孩查理和几个月大的女孩海伦过着类似全职母亲式的生活。这种打工对我来说是一种体验更是一种享受。我常常带他们出去散步，有时会碰到一些陌生人前来打招呼："你好福气啊，这么年轻就有三个可爱的孩子，还准备要吗？"起初我还解释，后来也懒得多说，欣然接受别人羡慕的目光。很多年后，女儿还常对我说："妈妈，我真喜欢你带我、查理和妹妹的时候，那时候你天天和我们在一起，讲故事，玩游戏。我喜欢那时候！" 的确。那是一段平静却又充满了孩子银铃般笑声的日子。每当忆起那些时光，我的心就会在一首熟悉的歌谣里轻轻飘荡——

月亮在白莲花般的云朵里穿行

晚风吹来一阵阵快乐的歌声

我们坐在高高的谷堆旁边

听妈妈讲过去的事情

孩子们啊，还记得我曾经和你们讲的故事吗？还记得我们共处的那些美好时光吗？愿那些美丽的故事和快乐时光永远存留在你们的记忆里。

4、留学梦

打工给我们在加拿大立足提供了物质保障，却不能满足我们精神的追求。在到加拿大之前，我们是先着手办出国留学的。老公在考完托福准备 GRE 时，听到有关移民加拿大的消息，在经过一番调研后，我们决心做一回'第一个吃螃蟹的人'。要求只做过澳大利亚、新西兰技术移民的小移民公司为我们做一次申请加拿大技术移民的尝试。公司老板心中无底，但在我们的强烈要求和鼓励下，也只好答应替我们试一试。结果是出乎意料的顺利。从申请到拿到移民纸只用了半年时间。故我们到加拿大是以技术移民的身份而非留学生身份，可留学梦一直深藏心里。"读万卷书，行万里路"是我的人生理想。虽说我们还没有陶渊明的"不为五斗米而折腰"的气魄，但"采菊东篱下，悠然见南山"仍是我所向往的人生最高境界。可到了加拿大几个月，每日都在为基本生计奔波劳作，感觉离自己所追求的人生理想，所向往的人生境界渐行渐远。我开始自问：

"难道我们离乡背井，远离亲人就是为了得到这样的结果吗？"答案当然不是。怎样才能改变这样的处境呢？

上学，只有回到校园我们才可能有时间，有心情去寻找我们未来的发展方向，去找回属于我们的精神家园。就在这时，老公在报上看到 XX 学院招 MBA 学生的招生广告，这个广告仿佛是黎明前的一道曙光给我们带来了新的希望。老公和我抽空赶到该学院，学院设在一小型购物中心里，看样子是租了一个区域，再将其装修成几间教室和会议室，教学设施非常简单。一自称为学院秘书的女士接待了我们，向我们热情洋溢地介绍学院情况。她告诉我们：学院成立于八十年代初，主校园在温哥华，多伦多的这个分院是去年才开办的，故规模较小，但师资力量还是很强的，请的都是名校老师。目前学生来源主要是一些有工作的，所以学校的课程大多设在晚上。白天可以做自己的事。现在报名，一月份便可上学。一年之后，就可拿到美国大学的 MBA 学位。老公被她说的心动，唯恐失去上学机会，视而不见我的眼色，掏出支票就付款。待我们付完钱离开学院，站在寒冷的风中等公共汽车时，老公突然笑笑地说："我怎么觉得自己有点像方鸿渐，这所学校不会是第二个克莱顿大学吧？"看着他略显不安的样子，我忍不住调侃道："克莱顿大学倒不会是，毕竟它还有几间教室，再说假如它是翻版克莱顿大学，一定会让你再多交点钱，送你一个博士学位。你也好靠它回国混个教职什么的。可惜只提供硕士学位，方鸿渐的待 遇你是轮不上了。"老公哭笑不得的看着我，摇摇头有点后悔地说："刚才好像是急了点，不该马上付钱，那现在怎么办？"我说："怎么办？总不能现在就折回去，把支票要回来吧，人家还以为我们有病呢。"他想想也有道理，只好先乘车回家再商讨。

一日，我和老公在超市碰到不久前经朋友介绍认识的田博士。田博士是 89 出来的民运人士，一直居住在多伦多并在约克大学拿到人类学博士。虽与他只一面之交，但见到他还是有'他乡遇故知'的亲切和信任感，连忙把困扰我们心里的这件事告诉了他。他听后，批评我们病急乱投医，说想早点上学的心情可以理解，但上学的目的是什么一定要搞清楚。他最后说："走，我带你们去见一个朋友，他是牧师，我刚到加拿大的时候，他帮我走出许多人生误区，现在我有什么问题仍会找他商量。"于是我们便坐上他的车赶到不远处的牧师家。

牧师是一个六十岁左右很有学者风度，和蔼可亲的老人，他和他气质高贵的太太热情的接待了我们。当听完我们的经历后，老牧师缓缓地对我们说："我在加拿大居住了几十年，期间见到许多和你们一样受过高等教育并有一定的技术背景的年轻人，一到加拿大都希望马上能找到专业工作，不幸的是其中只有很少的人能做到这点，大多数的人一开始都很难。但是一旦他们回学校充一些电，毕业后专业工作基本上都能找到。最关键的是一开始不能急，要好好规划。你既然已收到渥太华大学要求 GRE 分数的来信，那就说明他们有意要录取你，我建议你静下心来复习考试。"说着笑眯眯地用眼睛看看老公，然后继续道："渥太华大学是一所相当不错的大学，你去继续学你的专业会得心应手，还有可能拿到奖学金，学习时间虽然长点，但在上学过程中你会对加拿大以及你学的专业有更多的认识和了解。这些对你未来成功都会有很大帮助。你交钱的那个学院并不是正规大学，上学很容易，拿文凭也很容易，但出来后你是不是真的学到了什么，或能不能找到工作都是一个很大的问号。更何况 MBA 专业很多公司是要看学校的……"牧师的一席话帮助我们打消了投机取巧的念头，也坚定了我们退学的愿望。

第二天，老公就打电话给那个学院要求退学，接话小姐先问为什么，待我们说出理由后，又告知我们她做不了主。问谁可以做主，说只有校长。我们又要求见校长，答曰：校长不在多伦多，什么时候过来不知道。没有办法，老公只能不断的打电话，问询校长踪迹。'金诚所至，金石为开'秘书终于告诉我们校长来校日期并为我们预订了一个见面时间。到了约定的时间，我赶到学院，见到校长。他挺客气地接待了我，听我说完情况后，对我说："你先生不能来上课，你可以来啊。"我一楞禁一时不知如何回答。就在这个间隙他向我介绍这个学院如何如何好，MBA 这个专业如何如何有发展。希望我推荐更多的大陆新移民朋友去他的学院读书。最终我不得不打断他的滔滔不绝。我说："校长，你的学院可能很好，可我真的没有兴趣读 MBA，希望能退回我们的学费。"他见我态度坚决，只好说："好吧，我们可以退学费，但需收五十块手续费。"我想：五十就五十吧。五十块让我们明白任何投机取巧的想法和行为都是要付出额外代价的。

之后，老公辞去饼厂工作，专心在家复习。几个月后考了 GRE，成绩不错。把成绩单寄给渥太华大学，不久就收到录取通知。只是信中表明第一学期无奖学金。但我们已非常开心，毕竟我们走上了一条正确的轨道。就在我们托朋友在渥太华找好房子，老公准备动身去渥太华大学的几天前，一件非常戏剧性的事发生了。那天晚上，老公突然说好久没有查电子邮件了，要走了看看有没有什么信件。那时候我们用的是图书馆的信箱，是非常老的一种 TELNET。因为挺麻烦，基本上很少用信箱。但那晚老公竟鬼使神差的查起电子邮件，一看惊一跳，当天温莎大学一教授发了一封邮件，信中一开始便说，他愿意收老公为研究生，并提供一笔数量可观的奖学金。因为时间太急，怕失去学生故先发电子邮件通告，正式通知将随后寄到。我们简直被突来的喜讯搞得不知如何是好，又去咨询在加生活多年的朋友，结论是上温莎大学。他们的观点是：虽然温莎大学的名气没有渥太华大学大，但在加拿大也还是不错的学校，再者它的地理位置优越紧靠美国边境，毕业后，就业市场较大，可选择美加两边。于是老公采纳朋友的建议决定上温莎大学。

老公到温莎上学不久便开始为我选择联系学校，在仔细分析比较之后，我决定报考圣克莱尔学院计算机专业。整个申请过程出人意料的顺利。本来准备好的入学考试也被校方免了。至此，我们俩人的留学梦想在到加拿大一年内都成为了现实。我们感到无比欣慰。在异国飘泊的一年里，我们看到听到很多沉沦和迷失的故事。我庆幸在那一年里我们结交了很多好朋友并得到他们无私的帮助。我更庆幸我们能在艰苦的日子里彼此相依，互相支持。

是朋友的帮助，是两个人的同心协力使我们终于梦想成真！

5、学生生活

97 年 9 月份，与老公同时开始学生生活的还有女儿梦迪。她和男孩查理每天坐校车到一个相当不错的幼儿园去上半天学前幼儿班。一日女儿回家，告诉我膀子痛， 我一看她的右臂上方布满了密密麻麻的小指甲印，心痛得都快掉泪。强忍着泪水问："宝贝儿，怎么回事？谁掐的？"

女儿楚楚可怜地说："一个女孩，我坐在她旁边，她和我说英语，我不懂，她就掐我。"我告诉女儿以后碰到类似的事，先反击让对方知道你不是好欺负的，再报告老师。女儿嘬着小嘴喃喃地说："妈妈，可我不會说英语。"是啊！语言岂止是我们这些漂流异国的成人所面对的最大挑战，它同样也是跟随我们一起漂泊的孩子们所必须面对的挑战。在国内，他们都是一群被父母、被爷爷奶奶和外公外婆宠着的孩子。到了国外，他们只有爸爸和妈妈可以依靠，而父母若是为了生计忽略了他们的需要和问题，那将给他们小小心灵留下怎样伤痛的记忆啊！想到这些，我在心里对自己说，一定要尽力保护好女儿，不让她再受这样的委屈。此後，除了让她尽快学会英文外，也教她如何和小朋友们相处以及怎样保护自己。每天放学都要询问学校情况，看她是否过得快乐。加拿大虽说是一个移民国家，但有些白人在骨子里还是有种族偏见的，面对这样的人群，我们要有勇气更要用智慧去对付。

记得有一个星期，女儿总是有点闷闷不乐的样子，问她怎么了，她又说没什么。当时我的学业也很紧，也就没深究。到了周末女儿却突然对我说："妈妈，我不想上幼儿园了。"

我问："为什么？"

她说："新老师不喜欢我，她总把我玩的玩具拿走给别的小朋友。”我听了气愤极了。星期一放学接女儿时，找到那位老师，心里虽然气得要死，脸上却还挂着与她们一样的礼貌微笑，先称女儿以前是如何喜欢这间幼儿园，但最近却不知为什么她不想上幼儿园了。接着再说：“梦迪是一个腼腆而敏感的孩子，嘴上不说什么，心里什么都明白。我每天都会问她学校发生过什么，你是新来的老师吧？看得出你是一个很好的老师，希望你能帮助我女儿重新喜欢这个幼儿园。”话说到这个份上，女老师自然心知肚明，从此对女儿以礼相待。学期结束时，还从家里带了照相机，搂着我女儿照了张师生甜蜜照送我。

日子一天天过去，女儿一天天长大，她的英文是地道的北美英文，她的思维方式和行为作派也十分北美化，可她的朋友们依然是亚裔为主。相同的肤色，相似的文化背景使孩子们在学校里形成一个个的族裔群体。这种现象在我就读的学院以及老公所读的大学里也自然出现。这就再一次验证了“人以群分”的不变真理。

在我们一家都做学生的几年里，日子过得忙碌而快乐。老公的研究助理和老师助理的工资以及我课余打工所挣的钱使我们成了较为富裕的中国学生。这也是老公最早在中国同学中买车的原因之一。老公是车迷，按他的话：“当年想出国的一个主要原因就是可以开着自己的车到处跑。”当然几年后我们在中国的很多亲朋好友也都开着自己的车到处跑了。这是后话。老公在拿到驾照，还没有买车的几个月里，几乎一有空就去租车。然后拉上我和女儿在温莎附近到处逛。有时我忙，没时间陪他，他便载上同学一起疯。一次和同学合伙租了辆豪华林肯轿车跑尼亚加拉大瀑布，一路飙车，引得路人侧目。车瘾直到买了自家车多年后才算过足。

而我在课余打工时发现了一个有趣的事。加拿大的温莎与美国的底特律只一河之隔，可两个国家人的性格差异却很明显。这种差异首先体现在两边的海关官员身上。美国的海关官员总体上较加拿大海关官员开朗风趣。那时我和同学经常把加拿大食品运到美国，其中运的最多的是坚果类。一次过关，一个老官员问我车上带的什么，我答：“Nuts（坚果）”他立刻转身对站在一旁的另一官员笑说：“哈哈，这个年轻姑娘说你是 Nuts（笨蛋）。你可真是 Nuts

（笨蛋）。"所有人都哈哈大笑。当然这些都发生在 9.11 事件之前。事件之后，美国海关官员大多变得异常严厉。而加拿大海关官员却保持着一贯温和而不苟言笑的作风。

频繁的出入美国也让我萌生了要到美国读书和工作的愿望。我和老公在拿到加拿大学位和文凭后不久就双双如愿以偿地进入密西根韦恩州立大学继续深造。读书期间对美国人和美国文化有了更深的了解和认识。我发现：美国人大多很爱说话，却不太有耐心听别人说话。我曾经和几个美国人在一个小组学习，除了我一个听众外，其余都是演讲者。一次，我们小组作课题展示,事前大家开会都统一好了写什么，讲什么，可到了那一天，讲的人完全自说自话地按照自己个人意见行事，最后集体得了个低分，弄得大家不欢而散。那时候，我以为美国人就这样，没有合作精神。可待我到公司上班后才发现，美国人是非常强调团队精神的。你若没有与人合作的能力是很难在公司呆久的。他们强烈的自我意识也只有在做学生时过过瘾。一旦与经济挂钩，他们还是能够合作的。这是美国人的一大优点，讲究实际。我从同他们的交往中学到很多可贵的东西。当一些同胞因为经济不景气，毕业后暂时找不到工作而抱怨读书浪费时间和金钱时，我却深深感谢上帝赐予我几年宝贵的学生生活。在我看来，生活如流水，是一个缓缓前行的过程。我们是什么做什么并不重要，重要的是在过程中我们学到了什么，感悟到了什么，我们是否真的乐在其中。

当今天的我回首往事，几年前的学生生活历历在目，那是一段忙碌、充实和满怀希望的日子，它们是如此鲜活的留在我的记忆里。

6、白领世界

在上学时，校园里流传着这样一句戏言："毕业就是失业"。等老公和我毕业时，正赶上美国经济大萧条，一句戏言不幸言中。当时受冲击最强烈的行业就是火了数年的 IT 行业。其实老公当年在加拿大读自己的环境专业时，就有很多同学受不了 IT 的火爆和高薪的诱惑而改读计算机。老公却坚守自己的专业，在写论文阶段就很幸运地找到一家大公司的化学工程师的职位。他很为自己的明智和不跟风的态度和行为自豪。可上了几天班就发现这个所谓白领工作是有其名而无其实。他除了要和车间工人一样三班倒外，还每天必须比同班工人早到。既享受不到白领坐办公室的清福，又享受不到蓝领受工会保护的待遇。心中渐渐不平，再加上工作环境的不如意渐渐萌生了改行念头。在上了几个月班后，终于下定决心离开那家公司重新回到学校，改读计算机专业。可谁知："天有不测风云"。美国的总统换届选举以及市场经济的变换让 IT 行业的就业市场一落千丈。过去，计算机专业的学生只要简历一发出去，即使还没有毕业，手上就会拥有好几份工作机会,那时候是人挑工作。可才几个月，风云突变，毕业生把简历发出去常常是石沉大海，了无音讯。找工作本身就变成了一份最艰巨的工作。我想：那几个月可能是老公一生最有压力，也最努力工作的几个月。白天不是和我一起到学校再上上课，就是做面试准备或赶到不同地方面试。晚上又要在网上找工作发简历。常常我睡了一觉醒来，还见他满眼通红的坐在计算机前。好在苍天不负有心人，毕业后的第四个月，终于得到了俄亥俄州一大学计算机中心系统分析员的职位。虽说该大学离我家单程就要化一个半小时的时间，但 2001 年春天能找着专业对口的白领工作已让老公感到幸运有加，哪里还会在乎路途的遥远。但上帝似乎很眷顾老公，在他不辞辛劳的跑了一个半月之后，密西根州的一个大学又给了同样的职位，不仅离家的路程近了一半，而且薪水也高出了许多。老公当然毫不犹豫地跳了槽。至此，他终于如愿以偿地拥有了一间属于自己的办公室，成了名符其实的白领一族。

而我在 2001 年 6 月毕业后，因为有老公的一份工作支撑再加上工作市场的不景气，就尝试走另一条路。可事实上经济萧条的影响是涉及各行各业的。最终只能回到自己的专业，在一番苦寻后找到一份计算机软件工程师的职位。但工作不久我就发现这家小公司有一个很特别的现象，每天只要我们那位分管技术的年轻主任一出现在办公室，就有人排着队等在他的门口，有些是汇报工作，有些则纯属请安。我的办公桌就设在他的门边上，故只要他在办公室，我简直就象身处闹市，很难得安宁。公司自老板、总裁到主任以及大多数雇员都是波兰后裔，所以公司的聚餐和重要活动必到位于 Troy 市的一家波兰会馆去。那一年布什总统到密西根接待访美波兰总统也是选用这家会馆，但说实在，那儿的食物和装璜我都不敢太恭维。一日，同事约翰很神秘地对我招招手，轻声对我说："莉，跟我来。"我以为发生了什么大事，跟他走到厨房间，发现桌上有个大蛋糕。

我问他："今天你过生日？"

他说："不，是为布朗恩（我们的主任）准备的。他明天要去英国度假。"

我说："那真巧，他的生日在度假前一天。"约翰一本正经地说："不，不是今天，是下个星期，因为他要度假，所以我们要提前给他一个惊喜。"听后，我无言以对。到公司半年多也未见公司给谁过个生日，怎么他的生日就这么特别？可见，外表看上去对什么都不在乎的老美对掌握他们饭碗的人还是很在乎的。马屁原来不是中国人的专利，而是世界通用产品。渐渐地，我越来越不喜欢这家公司的工作环境。每天上班对我来说成了一件很不享受的事，那时我算真正体会到了老公做化学工程师的不愉快心理。好在年底，公司因经济的原因开始大裁员，我如释重负地回到家中。之后我又经历了一些挫折和坎坷，最终得到了一家大型公司软件工程师的工作职位。

我和老公分别在北美奋斗了几年后才找到彼此心仪的工作，进入到北美的白领阶层。但北美的白领其实是一个不很实惠的阶层，因为受过高等教育，就表明你有一技之长，对自己的职业生涯就该负责，故白领是得不到工会保护的。公司裁员，白领阶层更是首当其冲。而拿到的薪水并不一定比蓝领高。我公司的几个老清洁工的工资和福利待遇远远超过我们这些白领，而且工作稳定。从他们的工龄就可以印证这点。难怪一个教授朋友会在他的一篇文中叹到：

“我要是有个女儿,宁愿给她找个身为工会会员的邮递员为夫,而不敢轻易把她嫁给一个上下没着落的博士”。

由此可见,靠一技之长找饭吃的白领在内心深处隐藏了多少对于蓝领工作稳定的由衷羡慕。但即便如此,中国的父母们又有几个真能拥有只要求孩子树立当蓝领的远大目标的洒脱呢?更何况,今日蓝领工作的稳定性也今非昔比,大量的劳动力强的工作不是由机械化替代便是输出到第三世界,北美的蓝领世界也是山雨欲来风满楼。幸而,现代科技的社会,蓝与白的界限越来越模糊,属于哪一个阶层也渐渐很难分辨。重要的已不再是你属于哪一个阶层,而是你能以怎样的心态对待你所从事的工作。你的努力和所得若能成正比,谁又在乎这蓝与白的色彩区别呢?

7、业余天地

在加拿大生活的十年里,我们的业余生活由单一到多彩。打工阶段我们的主要业余时间花在学英文,看电视和朋友聚餐或到离家不远的公园拍拍照。那时候生活还不太安定,手里又没有太多钱,这种不太花钱的消遣倒也让我们心满意足。做了学生,业余时间大多用于功课和应付考试,到了假期不是到图书馆借一大摞中文闲书便是开车到附近的城镇和博物馆休闲一下,日子过得倒也充实。当我和老公都有工作后,我们那“行万里路”的梦想就得以成真,加东、美东、美西、佛罗里达、南美等地方都留下我们一家的身影。旅游给我们单调平静的生活带来了很多乐趣。可尽管如此,每次从中国探亲回加,心里仍会有一种空荡荡的感觉,那是无根浮萍的漂浮感,那是无论走到何方都不能驱散的乡愁。

一日老公看报,突然抬头对我说:“报上有健美操班招生广告,你要不要报名参加?”拿过报纸一看,温莎中国艺术学院赫然在目。温莎有一个中国艺术学院,我们这些号称老温莎的人居然不知道。仔细一看,联系人是朋友文,打电话过去,才知学院成立不久,它的宗旨是增进旅居加拿大华人和当地居民的文化交流和了解。丰富海外华人的文化生活，并帮助他们教育子女对中国传统文化的了解和认同。文热情邀请我参与。想想这么多年来一直忙于自己小家庭的建设，华人社区的活动几乎很少参与，更谈不上关心。现在朋友既然力邀，何不去试一试？于是抱着玩玩的心理走进了健美操班，老公则走进了合唱班。没想到，这一参与便走进了一个业余活动新天地。

在这个天地里，我们发现小小温莎可谓藏龙卧虎，很多艺术专业人士在此居住。平时他们利用业余时间或开班授课或个别辅导，大型节日前便为大家编排各种艺术形式的节目--合唱、双簧、舞蹈、时装秀、歌舞表演、小品等等。而一帮没有受过任何艺术训练的技术专业人士则拿出他们特有的专研精神认真学艺，虽达不到专业水准，但自娱自乐是绰绰有余。学院的老师不仅把我们这帮成人的艺术细胞激活了，还把孩子们的艺术天赋开发了。一群受北美教育的儿童少年们在学艺中不仅对中国的音乐、艺术和文化有了点点滴滴的认知，也开始为自己是龙的传人而骄傲。

而我则在一次次的活动中，在与人频繁的交往中找到了写作的灵感，发现了很多人身上不易被人注意到的特殊才能和优秀品质。而他们中间最让我感动的当是艺术学院创始人之一云。她小小的身躯里似乎蕴藏了无数的热情和能量，事无巨细她都脚踏实地认真对待。或许正是被她的热情所感染，越来越多的人开始义务参与到这些活动中来。小小的温莎华人社区变得热闹非凡，害得我们居住在其它大城市的朋友一有空就不远千里赶到我家，为的就是享受一下中国文化艺术。

有一次，我忍不住问外表看上去没有什么艺术细胞的云，怎么会想起办艺术学院？她认真地想了想，回答说："起初就是看到很多人回国，回来就津津乐道国内的繁华和夜生活，抱怨国外的单调和无趣。听多了，就不服气。为什么在海外我们就不能创造丰富的业余生活？于是就把想法付诸于行动，我虽然没什么艺术细胞，可我能把专业人士和有艺术细胞的人组织起来呀。"

　　一个念头、一份执着再加上一颗奉献的心就能开辟出一片新的天地。从古至今，人类就是这样将梦想变成了现实。在异国的这片中国文化艺术天地里，我们获得的岂止是艺术的享受？"河山只在我梦里，祖国已多年未亲近。"那深藏于我们心中的浓浓中国情啊，终于找到了属于它的广阔天地！

8、信仰之路

　　到加拿大不久，我们就强烈地感受到这是一个有宗教信仰的国家。随处可见的大大小小教堂便是最好的明证。在我们住进 Dondus 的小白楼不久，就有一对叫保罗和凯瑟琳的加拿大中年夫妇来敲门。他们称是耶和华的见证人并十分真诚地要求我允许他们向我传道。我问："耶和华是谁？"凯瑟琳说："耶和华就是上帝。"当时我正希望有人能和我多练英语，就同意让他们每周来我家一次。在同他们的交往中，我开始阅读<<圣经>>，渐渐地对上帝和他们的组织有了一点了解和认识。他们认为：当今政府已被魔鬼掌控，现代社会是污浊横流的社会，他们反对一切世俗的东西，也不过任何世俗的节期假日（包括圣诞节）。他们绝不献血，认为血是人的生命。凯瑟琳和保罗还安排我们到他们的守望台基地参观了一次。那是一个严密的场所，要有特别的许可证方可出入。在那居住着上百对夫妻，都是丁克家庭。有孩子的夫妻是没有资格在那儿居住和工作的。一对夫妻一间房，房间设施就如三星级宾馆的设施。一日三餐集体供饭。工作轮流转，也就是说如果这个月你在餐厅做，那么下个月你就到洗衣房，分工平等。周末有固定的外出时间。总而言之，那是一个自成体系的社会。它让我想起中学学到的"共产主义社会"。

　　之后，我们在街上碰到两个年轻的摩门教传教人，他们用极标准的普通话和我们打招呼。我们当时惊讶极了，问他们从那学会的中文，他们告诉我们是在出来传教前受训时学的。摩门教的年轻人在婚前基本上都会离乡背井用两年时间全职传教。除了<<圣经>>，他们还拥有一本独特的经文<<摩门经>>。他们教会的主要基地在美国的犹他州。因多年前曾实行过多妻制，故名声一直不太好。初到加拿大，我对教会间的差异没有任何兴趣，只感到他们都是非常好的人，很愿意同他们交往做朋友。

随着打工和学习的繁忙，我渐渐远离了传教者和教会。在加拿大最初三年的日子里，在这个国家立足、生存和发展是我们唯一的信念。上帝是否存在这个问题对我们来说并不重要。只是偶尔还会同一些有基督信仰的朋友们讨论一些圣经上的故事。当我的每个小小梦想都慢慢地得以实现之后，我的幸福感和满足感却没有增加。反到常常有一种失落和寂寞感。我开始用各种外在活动，比如：旅游、聚会、文娱活动等等来填满每天的日常生活。即便如此，我依然觉得生命中缺少点什么。

缺少了什么呢？我百思不得其解，直到生命中一场未预料的疾风暴雨向我袭来。我才痛定思痛地开始了一场心灵最深处的反思。耶稣的那句："我就是道路、真理、生命"的话语将我再次引领到他的宝座前。第一次开始认真地咀嚼<<圣经>>中的每段文字。哥林多前书十三章里的"爱是恒久忍耐、又有恩慈；爱是不嫉妒，爱是不自夸，不张狂，不作害羞的事，不求自己的益处，不轻易发怒，不计算人的恶，不喜欢不义，只喜欢真理；凡事包容，凡事相信，凡事盼望，凡事忍耐。"让我彻底相信耶稣是神，因为人不可能说出这样的话语。人间的爱是悦人眼目、是互相得利、是甜言蜜语、是花好月圆、是你有情我有意的互惠关系。

上帝的爱的教导颠覆了我过往许多的人生观和价值观。这些真理是如此强烈地吸引着我，让我愿意尝试用一种全新的思维方式去处世为人。坦率地说，接受一个新思想不易，剔除一个旧思想更难。就如一个癌病患者，在除去一个恶瘤之后必须再进行化疗。其过程有生不如死的感觉。我的灵魂也经历了这样的一场化疗过程。很多时候想要放弃，让自己苟且偷生。但对新生命的向往与渴望让我一次次克服软弱，咬紧牙关挣脱掉许多貌似常理的错误思想的束缚。

终于，一个新的生命在我旧有的外表下诞生了。它赋予我崭新的生命视觉，让我看见了在充满罪恶的现代社会的底部，蕴藏着一个真实的永恒不变的美好世界。这是一个没有战争、没有仇恨、一个人与自然和谐相处的充满爱的世界。这是上帝创造的最初世界也是最终世界。然而，这个美好世界被我们肉眼所见的现实世界遮掩着。我们被不停地被教导或被告知世界本来就是这样一个充满黑暗充满罪恶充满不公的社会，我们无法改变它！只有顺应它适应它按照它的游戏规则生活其中，我们才能成为一个强者一个成功者。真可谓"假做真时真也假"。

当我静下心来，潜心探究真理和静静观察生活时，我发现：越来越多的人都看见了那个完美世界的存在，并用他们各自独特地方式向世人传递着这个美好信息。这使我相信：我们这一代人的最重要的使命应该是尽力消除这个虚幻世界所炮制出的谬误对人类的荼毒。我们要活出被造之初的美好和目的。因为我们是人，是万物之灵，是世界的管理者。我为自己能成为美好世界的建设者而骄傲。同时，我也欣喜地看见，我平凡简单的生活里有许多奇迹伴随着爱在不断地悄然发生着。

我真正领悟到：信仰不是生命的点缀，而是生命的根基。不只在风雨中决定我们的生死，也在阳光下决定我们的高低。当生命的根深扎在一块肥沃而坚实的土壤里，不管这个生命是多么脆弱，它都会渐渐成长壮大。相反，一颗很健壮的苗根植到沙土地里，它都很难成长为苍天大树。虽然我无法选择我的出身和性别，可我却能选择我的信仰。上帝伟大的爱就是我一生的信仰。

尾声

回首在加拿大走过的十年路，有鲜花、有荆棘；有欢笑、有泪水；更有上帝无限的爱。我深深感到：人生是一场无法预测的旅程。在漫长的旅程中，重要的不是我们曾经面对或经历过什么，而是在经历和穿越之后，我们是否依然保有一颗纯真的童心、一份对生命的挚爱、一个坚定不易的信仰。没有信仰的人生如同没有根的浮萍，终有一天会被多变的世界潮流所淹没。

　　加拿大不是天堂，却是我追求梦想的乐土。我在这里成长,也在这里被改变。我不知道我的明天会在哪里，会面对什么样的风雨？但我知道: 无论在哪儿, 我都不会忘记生我养我的祖国, 也不会忘记在这片异国他乡的土地上学到的每一个功课。它们是我一生的精神财富。感谢上帝赐给我的每个机会、每份艰辛、每段路途。这是我梦想也是我热爱的生活。

终于"绿"了

2013 年的新春佳节，我们终于等到了盼望近 7 年的绿卡。

漫长的绿卡之旅只源于一个最简单的动机，却没有想到会有如此繁杂和心惊胆战的过程。

故事还得从头说起。

1996 年，我们一家从中国技术移民到加拿大，从申请到拿到移民签证只用了半年多一点的时间。在加拿大住满 3 年经过公民考试后，就顺理成章地成为加拿大公民。我们住在美加边境的加拿大小城温莎，白天过桥到对岸美国的密歇根州上班。每日穿梭于美加边境，在美金与加币的差价中幸福地生活着，从来就没有想到要搬到美国居住。每当听到居住在美国的中国同事们谈论申请绿卡的艰辛和痛苦过程，我就非常庆幸自己是加拿大公民，不为身份所累，能在美、中、加之间像小鸟一样自由地飞翔。可是好景不长，2001 年的"9·11"让全体美国人陷入惊恐状态。草木皆兵，首当其冲的当然是海关。每日过境时间由过去的几分钟延长到十几分钟甚至半小时。有段时间，我们每天早晨过境上班，都莫名其妙地被叫进边境站检查。三次过后，我们开始抱怨，有个别官员发现是他们的系统出了问题，答应帮我们更改。可是两个星期过去，情况毫无转变，我们还是一星期几次地被唤进边境站检查。无奈之下，只能换新的汽车牌照。

然而，真正让我们想办绿卡的不是过境繁琐，而是我和先生都因无绿卡而痛失美国政府工作机会。于是我们意识到绿卡是在美国求职过程中不可低估的重要通行证。可是，申请绿卡就意味着我们必须搬离居住了近十年的小城，亲友和多年相处的老友们。人到中年的我们已经厌倦了漂泊，渴望在一个地方扎根。正在举棋不定时，有朋友告诉我们可以申请通勤绿卡（Commuter Green Card）。这种绿卡不需要我们搬到美国居住，每天可以继续在美加穿梭。这个消息让我们如获至宝，马上找律师开始申请。可没想到，一出师就不利。老公工作多年的校方律师拒绝合作签字，让我们的绿卡申请一开始就陷入僵局。精明的律师却不是轻言放弃的人。她立即想到我，对我老公建议，改成由我主申请。我一听到这个建议，第一反应就是 "NO"。原因有三：第一，我所在的 IT 行业变化莫测；第二，公司本身的不稳定性；第三，自身的随心所欲（从未在一个岗位工作超过 5 年）。让我主申请绿卡无疑就像是在孙悟空头上套上了一个金箍咒，让我动弹不得。老公对我的反对好像早有心理准备，笑嘻嘻地说："咱就是死马当作活马医。有当无，试试看。不要有任何心理负担。不成，我们就死守加拿大。"

言之有理，只好配合。还好，所在公司也蛮配合。除了让我自己承担律师费用外，所需的任何文件签字都一一配合律师做完。劳工卡和 I-140 都很快批下来，

I-485 必须等排期到了后才能递交。繁忙的生活很快就让我忘了还有绿卡这事。

2007 年 7 月，正当我们一家与朋友们在美国南部度假时，接到律师打来电话。我们被告知：美国移民局 7 月初取消排期，你们可以马上递交 I-485 了。一个星期的开放时间，我们根本不可能去完成所需要的全部手续。我们毫不犹豫地放弃了这个机会，继续度假。回到家不久，又收到律师的电邮，告知移民局不排期的开放时间延至 7 月底，这次你们无论如何要抓住机遇。机不可失，时不再来。律师还再一次强调：这样的不排期只针对境内申请。也就是说，在我们递交 I-485 的同时，也必须搬进美国。

一生中又一个艰难选择摆在我们面前。女儿带哭腔问："为什

么要搬到美国？我不去！要去你们去！我留在这儿，我不要离开朋友们……"

是啊！ 女儿的心情我太能理解了。她从小就随着我们东奔西跑，单单小学就换了四五个，好不容易安定了， 有了自己的朋友圈，又要搬离。这让我想起一个朋友说的，我们这批人好像永远都在身份中挣扎。是啊，太挣扎了！ 该如何行？只能一家人握手祷告：若是神要引领我们离开小城，如同当年引领亚伯兰离开家乡前往神指示他的地方，那就求神为我们开路，让我们能在短短两星期内办完所需做的一切。否则， 我们就心安理得留在小城。

祷告完毕， 一家人心安。体检、填表、签字、找房子等都奇迹般地在两星期搞定。可一所大房子却不可能在两星期内处理掉。我们实在不愿卖掉这所倾注了我们许多梦想与情感的房子。在恋恋不舍一年后才忍痛割爱地将其出售。如果说这样的割舍让我们开始体会到申请绿卡的不易，随后几年里发生的事情才真正让我们体会到绿卡之旅的艰辛。

一次，老公和女儿过河回小城取点东西，回美国时被海关拦住，老公的 TN 签证被认为是非法出入， 因为如今他的身份已从外国专业人士转换成美国移民申请者， 必须办理与之相配套的另一种出入境签证--旅行签证 （I-512L，Authorization for Parole of an Alien into the United States）。还算幸运， 那天当班的海关官员面对老公和女儿的无辜表情，产生了 "不知者不为过" 的同情。放行， 让他们回家， 下不为例。可一年后， 我们却收到移民局的通知，必须到当地移民部门为这次违规行为做解释。律师除了抱怨老公的不当行为，更是积极想尽对策，但同时也告诉我们： 因这种违规被取消申请绿卡的人不在少数，你们要做好被取消申请资格的心理准备。

在这样非常的情况下，我能做的就是在心里不住祷告。如同千年的半个小时的等待，我们终于被一名老官员叫到名字，全家犹如赴刑场般地艰难挪步。经过他身边时， 老官员的一句 " Beautiful Family " 让我有回到人间的感觉。绷紧的神经一下松弛，笑容真实地回到脸庞。老官员一边看着文件， 一边自言自语。最后抬头对我们说：没什么大不了的问题，他们不了解底特律与温莎有多近，两边跑跑是常有的事。没事了，回去吧！那一刻，惊呆的不仅是我们一家，就连身经百战的律师都不敢相信她的耳朵。就这么几分钟，一场危机就过去了。对理性的她来说，太不可思议了。但对我来说，却是又一次信仰的经历。

有了这次经历后，我们小心谨慎地遵守着一切规则。每年按时申请 AP 出入境签证，每两年申请工作卡。就这样谨小慎微，老公还是有一次被海关官员拦住不得进美国，原因是手持的 AP 过期。不同海关官员对日期的不同解释造成我们认识上的混乱，但倒霉的还是我们这些申请人。那一次，我不得不和我朋友夜半驱车赶往海关，将老公救出。

2007 年 7 月的排期取消，在我看来，就是上帝借由这个机会把我们强制性地带出加拿大，让有点自满和停滞不前的我们面对新的挑战。因为随后的 8 月就开始倒排期，绿卡的漫长等待超乎想象。而在之后的几年里，我经历了数次工作转换，又因健康原因辞职回家休养。很多次都萌生放弃申请绿卡、重回 TN 签证状态。可现实却不允许这样的回头。美国移民局已经有了我们申请绿卡的记录，如果再回头申请TN，大多会被拒，因为你有移民倾向。

2012 年底，排期终于到了，等了一个月了无音讯，不得不让律师帮忙查询。查问的结果是还需要补充一堆新材料：最新体检报告、警察局报告以及雇主证明。那一刻，欲哭无泪，这还有完没完。

再次见到 5 年多前为我们做体检的医生时，他惊讶地说："你还没有拿到绿卡啊！"除了无言和苦笑，还能说什么？申请绿卡的整个过程让我感觉苦海无边、回头无岸。在递交上所有补充材料后的一个星期后，老公发现我们的绿卡终于批了。那个激动啊，好像服刑多年的犯人终于重获自由。

终于"绿"了！我含泪微笑。近 7 年的绿卡之旅不仅改变了我生命的航道，也让我学到许多重要的人生功课：要感恩！要珍惜我们所拥有的一切。没有一样所获是理所当然。不要忘记上帝的恩典就如同不要忘记生命成长最需要的是阳光、空气和水。

家居生活

在美国做房东

从来没有想到过，这辈子会在美国做房东。可密西根州超低的房价以及房屋贷款前所未有的低利率，让我和老公这两个最没有投资理念的呆子，有机会进入到美国房地产玩了一把心跳、做了一回房东。

起因源自我老公与同事的一次闲聊。他同事说："现在在美国最好投资就是房产，很多人都买了房子出租。"老公说："那也得有钱啊！"同事说："钱嘛，想办法总会有的。比如说，如果你的房子贷款还得差不多了，你就可以用房屋作抵押再贷些款……"

说者无意，听者有心。老公回家就将看房的任务交托给我，美其名曰：给你找一件好玩的事做做。知妻莫如夫啊！老公抓住我好玩、喜欢新鲜事物的软肋，以好玩为幌子，让我跟着他的指挥棒转。可这回他用错了诱饵，玩房子早在买第一幢房子时就过足了瘾，从设计到选材，眼见着一幢粉红色的梦之屋在加拿大的大地上冉冉升起，以为会在那里度过一生，可 5 年后就因绿卡问题不得不挥手作别我的梦屋，不带走一片砖瓦。从此，下定决心不再放太多的心思与爱恋在房子上，免得用情太深、离别太难的悲剧再现。

鉴于以上情结，我一开始对于老公下派的看房任务绝对地不以为然，只是出于对他兴致勃勃的尊重，我还是去咨询了几个资深房产人，听听他们对于在美国做房东这一想法的意见，结果回答几乎一致：可以做，但利润不会特别高。你们家做不合适，因为做房东必须要具备吃苦耐劳，外加动手能力强的特质。你和你老公能胜任吗？

我将原话转告老公，他一副临危不惧的模样。

好吧，既然先生有此"宏愿"，小女子就豁出去啦，再演一出夫唱妇随的古老戏剧，管它是喜是悲，玩的就是心跳！

在两个多月网上和实地看房的过程中，我们对于不同型号的房子有了更多的了解和认识。我的眼光也渐渐从自住屋调整到投资屋。因为自住屋与投资屋的功用不同，对它们的要求和标准就会有所不同。几个月实战操作，发现在美国做房东大致要经历以下四部曲。

第一部曲是设定目标。换句话说，就是你想做什么样的买卖。是以出租为主、以卖房为辅，还是以卖房为主、出租为辅。只有确定好目标，你才能有的放矢地开始第二部曲。

第二部曲是选屋。无论你的目标如何，选屋的一个共同关注点就是好的"地点"。地点好无论对出租还是对卖屋都是头等重要的，它很大程度上决定了你整个投资的成败。选屋的第二点就是房型大小。目标不同，选择就会有所不同。

第三部曲是价格。和其它任何生意一样，你的买价很大程度上决定了今后的利润。在房市低迷的今天，很多人吃亏的不是买不到价格好的房子，而是因为纠结于几千块的多寡而错失良房。坦率地说，今日银行拍卖房，只要你喜欢，多出几千，都不能算赔。拿到自己中意的拍卖房本身就是赚到了。

第四部曲是找房客。这最后一部曲是我觉得最有趣，也是最没有把握的。在找房客的过程中，我有机会深入了解美国人的个性特质和人生态度。不管他们身份如何，与找对象类似，眼缘还是极重要的。当然，查看他们的信誉分数也是必不可少的。

总而言之，这四部曲是部部相连、曲曲相扣。每一部都要认真对待。否则，玩的就不是心跳而是心痛了。

有一次，我碰到一位衣着考究、头发灰白、风度翩翩的美国长者，他在房地产业滚爬了一辈子。他告诉我，他上午见到他的家庭医生。 他对医生说："你做医生也就是个名气， 有钱没时间享受。我， 一个房地产经纪人。就靠买卖房子和出租房子，就有钱又有闲了。除了名气，我活得什么都比你强。" 说完，他朗声大笑。我却在他意气风发的笑声中， 读出了丝丝浅薄。

其实， 任何职业都有其甘苦。跨行业的比较是很幼稚的，把喜欢忙的人放在闲职上，会把他闷死。把喜欢闲的人放在忙职上，会把他逼死。

在我看来，职业本身没有高低贵贱、没有好与坏的区分，只有适合与不适合的区别，乐在其中才是最重要的。

当我的一位好友在电话中打趣我从一位"白领丽人"沦落为"收租婆" 时，我忍不住哈哈大笑。人能在短暂的生命历程中，有机会体验不同的职业，难道不是一种幸福吗？

吃货

老公好吃，是一个不折不扣的吃货。他所有童年、少年以及青年的美好回忆都与吃有关。

只是，当年与我谈对象的时候，他谈的大多是人生理想、文学名著等与吃喝不相干的大体裁话题。当年，吃这等小俗事是绝对登不进爱情的神圣殿堂。更何况，好吃总是与懒做连在一起，让人感觉一个好吃的人一定是不好的、懒惰的。

改革开放后，知名作家陆文夫写了一个长篇叫《美食家》，虽然给好吃的人起了一个很令人尊敬的名字，但书中的吃货朱自冶还是一个让人生厌、为吃不择手段的反面人物。因此，好吃在中国终究难博好名声。

可怪就怪在，中国是一个以食文化闻名天下的泱泱大国。连孔老夫子这么一个令国人尊崇的圣贤也对食物讲究得很，还"食不厌精，脍不厌细"地谆谆教诲我们。可见，圣贤是不羞于谈吃的。问题是什么时候炎黄子孙开始谈吃色变？什么时候好吃与懒做成为了连体儿？

有人说，中国的食文化之所以丰富，是因为我们的贫穷。我不能苟同。贫穷固然能使一个民族饥不择食，但绝对不能因此创造出精美的美食文化。充其量也就是制造出一些让人和牲口都难以下咽的忆苦饭。

所以，婚后当老公暴露出好吃天性后，我虽然表面上装出一副上当受骗的委屈模样（勤奋好学的青年还原成一个好吃的吃货），心里却有点暗喜：以后吃喝不愁啦！

其实，小时候我不太好吃，最喜欢的零食也就是咸金枣（俗称老鼠屎）。不过，这一点绝对与品格无关，而是与健康和胃口有关。我自己虽然不很好吃，但看着别人吃得香，我还是十分羡慕的。当年，我老爸有一副好牙，吃任何食物，嘴里都能发出诱人的咀嚼声。一次见他吃萝卜干，吃得那个嘎吧嘎吧响啊，把我馋得恨不得从他嘴里夺出来。可等我把萝卜干放进嘴里，一口就吐出来："难吃！"好吃与不好吃的幸福感一下就对比出来了。

而且我还发现：好吃的人大多好做。喜欢吃的人对食物都有激情。摆弄它们是好吃人的最爱。

婚后，鉴于老婆婆把守家中厨房一切要政，老公这个吃货一直是有吃心没做胆。因为老婆婆一辈子都坚定地认为：好吃的人都是没有出息的人，男人尤其如此！厨房是女人的领地，男人免进！

出国初期，我们虽然拥有了自己的厨房，偶尔也可以小试牛刀。但学业生活的压力与繁忙让老公不能过多地施展才华。现今人到中年，能实现的理想也都实现了，不能实现的理想也都放弃了。心平了气和了，有了闲时和闲情，吃货的本相也无需遮遮掩掩了。

于是，厨房成了他的练兵场。三日一小烹、十日一大烧的，弄得厨房像个餐馆。作为吃货的家属，我渐渐发现：家有吃货，好处多多。

首先，若是住家附近有了新开张的餐馆，不出一个星期，我就有机会作为陪同，堂而皇之地坐进还带有装修味的餐厅里，品尝厨师推荐的新菜肴。其次，若是在哪个朋友家的聚会中吃到心仪的饭菜糕点，只要回家一渲染，三天之内，餐桌上定会出现仿造品或山寨版。最后，但凡想外出旅行，我只需拿出当地的特色小吃和名点作为诱饵，游梦绝对成真！

总之，我这个非吃货在占尽吃货的便宜时，也逐渐被熏陶成了吃货。网络世界也给老公这样的吃货们提供了厨艺交流平台。大家互相交流着吃的做法、吃的味道和吃的感受。

近来，老公已经发展到每进一家新餐馆，每尝一道新菜都要拍照、点评，然后还要通过微信和脸书（Facebook）与朋友们分享。

一开始，看他做这一切，还觉得有点好笑。最近翻看他拍过的照片和点评，倒品出了一些生活的美好和鲜活。想想：一个人、一个家、一群人、一个民族能有滋有味地品尝一日三餐，"食不厌精，脍不厌细"地生活，那么，这个人、这个家、这群人、这个民族是何等有福！

因为，吃货的诞生是需要条件的。做一个不被批评的吃货是幸福的。

包粽子记

今年，我包粽子啦！不是在端午节前，也不是在端午节当天，而是在端午节之后的第二天。

为什么呢？故事得从端午节那天说起。

端午节那天，有朋友在微信上发了一张与母亲同包粽子的照片，照片里的粽子个个精致漂亮。吃货老公在确认这些粽子都是他最爱的甜粽后，就厚着脸皮向朋友讨要。朋友慷慨，一口允诺：明日将粽子送到老公工作单位。可朋友的粽子馋倒的不是老公一个人，一大批吃货们当天纷纷涌进朋友的家把粽子一抢而空。朋友很歉意，老公很失望。

看着被粽子搅得心神不宁的老公，我想：或许我可以试试，包点粽子解这个馋。于是，尽力在脑子里回想做粽子所需的流程。首先，把糯米淘洗后浸泡水中。其次，将粽叶洗干净浸泡水中。最后，将红豆洗净放入锅中煮熟。等这一切准备工作做好后，我就挽起袖，拿起叶子准备开包。

可叶子在我手中，仿佛淘气的小蝴蝶。我这样折，它就那样拧。米从这头放进去又从那头掉出来。好不容易把米都包进叶子里，手一松又都全掉出来。于是拿了细线把它捆起来，可一用劲，粽叶又被细线划破了。捧着散落在手心里的白米和红豆，一时有点发晕，不知如何是好。

只好坐下来，擦一把汗，定定神。小息片刻，脑海中居然出现了儿时父亲包粽子的情景。他静静地坐在那儿，将手中两片碧绿的粽叶轻轻折成椎性，然后将米灌入椎桶中，待米与椎桶边缘起平后，将高出的叶片折过来包住米料，再拿一张叶片将手中的粽子轻裹，尾部叶尖通过一根细长的针穿过粽身中央，一只结实玲珑的小脚粽就诞生了。

画面消失后，我突然悟道：食物是有生命的，你如何爱它，它就如何回报你。我开始静下心来，仿照记忆中父亲的轻缓动作来摆弄手中的叶和米，我没有父亲的银针，只能动用手中的线。慢慢地，我感觉手中的叶子不再那么倔强了，开始听话了温顺了。包到第五个时，手中的粽子开始有点模样了，只是被线五花大绑的粽子让我感觉惭愧。真是"少年不学艺，老来图伤悲"。

年少时，怎会知道自己有一天会在异乡的土地上如此怀念和追忆儿时最习以为常的端午节粽子？原以为：粽子这种稀疏平常的食物，又不是山珍海味，走到哪儿都不会想念。然而，当光阴在我们的额头上留下岁月的痕迹；当足迹走遍千山万水，我们心底最思念的却是家乡每个节日散发出的食物的味道。

老公回家，看到依然冒着热气的粽子，甚是惊喜。拍了照片发到微信朋友圈中感叹道：虽然过了节令，但终究吃到了粽子。

的确，虽然这些粽子无论是外形、色泽和味道都无法与故乡的粽子媲美，但总算也聊慰了肚腹的乡愁。

女人的衣柜

女友在我面前抱怨没有合适的衣服穿。想着她那挂满、塞满各色衣服的大小衣柜，我就忍不住笑骂她："不知足！你要是没有衣服穿，谁还有衣服穿呀？"

她不信，坚定地认为我的衣服一定比她多几倍。为了让她学会知足常乐，也修正一下她的"女人的衣柜里总是缺一件衣服"的错误观点，我直接就开车将她载回家，将所有衣橱壁柜打开，让她亲自检阅。

当她看完我与先生几乎平分秋色的衣柜后，将信将疑地侧头问我："都在这儿？没有暗藏在什么箱子里？"我坦然回答："地下室里的箱子全空着，小姐不怕麻烦，请检查。"她说："看你每次都穿不同衣服，挺时髦的。怎么就只有这些？"

我不得不招供："真的就这些！你看见的这些衣服就是我此时的全部。你曾见过如今没看见的，都去了它们该去的地方。穿在了需要它们的人身上了。"女友不解，困惑地看着我。于是，我就将我的衣柜之秘向她娓娓道来。

要谈我的衣柜，得先从我的母亲大人说起。小时候，母亲每到换季时节，就会翻箱倒柜把四季的衣服拿出来整理一番，顺便在太阳底下晒一晒。晾晒出来的衣服有一半是母亲从来没穿过的。

我曾经不止一次地问过母亲，为什么这些衣服都没见她穿过？她的回答年复一年几乎就是两种答案：一是"这件衣服是新的，等把旧的穿坏了再穿"，二是"这件衣服等你长大了给你穿"。

　　年幼时，听到这样的回答，恨不得一夜长大就能穿上这些漂亮的新衣服。可随着年龄的增长，每次看见母亲疲惫地翻弄越来越多的衣物，就觉得这是一件需要简化的工作。我把我的建议告诉母亲，得到的回答是："你说得容易，等你有家自己过日子，你就知道少一件不如多一件来得踏实。"想想他们那代人经历过的物质匮乏，产生出对物质异常的珍爱和依恋也就不足为奇了。

　　常言道：改变不了别人，就改变自己。自打有了自己的家。我就开始实施我蓄谋已久的简约衣柜计划。除了内衣、内裤、袜子之内小物件折叠起来放进抽屉或衣柜中，其余的衣裤都挂在衣柜里。一则方便搭配，二来方便寻找。出国的初期，我频繁地搬家，衣物从来没有成为我们的负担。我尝到了轻装上阵带来的好处。后来，生活安定了，房子大了，衣柜多了。为了防止自己重蹈母亲为衣物所困的覆辙，我每次想要买新衣之前，就必须浏览一下自己的衣柜。有些衣物是自己已经不合适或不喜欢的。挑出几件，我就允许自己添进几件。这样做的好处就是永远不会让自己的衣柜爆棚。

　　其实，随着年龄的增长，即便我们的体重没有太多变化，地球的吸引力也会让很多过去我们钟爱的衣服不再适合我们。与其囤积一大堆一年都不会碰一次的衣物，倒不如将自己不太旧的衣物捐献出去，与人分享，真正做到物尽其用。

　　人到中年，买件得体的衣裤不再是件容易的事。在一开始遇到这样的情况时，内心很有些失落。失落之后，又不得不面对自己中年的处境。就像我的女友面对的苦恼：看着一柜柜的衣服，却好像没有一件适合。我的经验是与其不断买些看看喜欢、穿穿一般的衣服，不如买进一些小配件，比如围巾、帽子、披肩等。一袭旧袍披上一款雅致的披肩或戴上一顶漂亮的帽子，镜中的自己就宛如有了新装在身。女友听完我的谬论，居然不断称好。

　　我知道，这是个人见解，不是普遍真理。若你有钱无数，崇尚品牌，你大可不必理会我的观点；若你惜物如命，恋衣如己，你也大可不必效仿我的做法。能接受我的观点的可能就是那些希望自己穿得合体漂亮、又无需花太多精力和钱财在衣物上的女士们。愿这样的女人与我共勉：将简约的衣柜进行到底！

夕阳下的漫谈

多年来我和女儿养成了一个习惯，那就是在无雨无雪的傍晚携手相伴走路。每次一出家门，女儿就会问："Mom, What do you want to talk about?"（妈妈，你要谈什么？）而我则立即要求她："说中文。"她总是羞涩一笑，尽力用中文表达自己。其实，我很理解她的不由自主，人们总是习惯用他们的第一语言思维和表达。对于女儿这类在异国接受所有教育的所谓"香蕉人"来说，双语是他们人生面对的第一挑战。为了让她的中文更加流畅，晚饭后的走路无形中多了一份使命。为了让我们的走路更加充满趣味，谈话的内容大多围绕着她和她的同学们以及学校生活。这些闲聊不仅让我了解了她们这一群特殊新生代的所思所想，也拓宽了我看世界的视野。将我们的一些谈话内容记录下来与读者分享，或许大家也能从中得到一点乐趣，引发一些思考。

1、学校和种族

女儿十五岁生日的时候在家办了一个生日晚会，参加晚会的二十几个少男少女全是中国面孔，这让我非常吃惊。第二天带着好奇我问女儿。

妈：梦迪，昨天你请的同学都是中国人，你们班上没有加拿大人或其它族裔啊？

迪：不全是中国人，应该说全是 Asians（亚裔）。高中没有固定的班级了，每门课都有不同的同学。我请客当然请玩得好的朋友。

妈：你在学校只跟亚裔同学玩？

迪：不是的。只是我们学校 Asians（亚裔）较多。

妈：是不是因为你们学校是温莎最好的高中，所以中国孩子也多些。

迪：可能。你还记得 Dana 和 Dalena 吗，他们都住我们小区，但他们上高中就不选 Massey。

妈：为什么呢？

迪：因为 Massey 中国学生多，成绩好的就多，他们不想和我们竞争。

妈：你的朋友大多是中国人。那其他中国同学的朋友是不是也大都是中国人或亚裔？

迪：好像是！我们学校很少有中国同学跟加拿大白人或者黑人阿拉伯人成为最好朋友的。大家在一起玩但不会好得不得了。

妈：我知道在大学里这种现象很明显。说白了还是脱不了"物以类聚，人以群分"的道理。

迪：可能。可是在小学就没有这样子。我三年级的最好朋友 Emily 就是白人，我没觉得我们有什么不同。我们天天 stick with each other（黏在一起）。

妈：可能人小就不太受文化背景影响。

迪：可能吧！

妈：我这次见了你的各科老师。我觉得他们不仅给你的学习评语很中肯，而且对你的个性描述也很准确。你感觉怎样？

迪：我觉得他们很公平。他们对待我们像对朋友。从不会因为我们的分数好坏影响到对我们的态度。

妈：我感觉你们老师最让人舒服的一点就是以积极的态度鼓励

学生。

迪：对，他们总是鼓励我们多提问，多表现。我们学校的 Events and Club（活动和俱乐部）特别多。除了很多 Sport Team（运动队）外。每个年级都有一个 Band（乐队）。有数学 Club,时装表演队，报社等等。有些我都不晓得叫什么名字。反正，在学校你不会感到无聊。

2、打工和义工

女儿十三岁的暑假，自己打电话给当地的报社要求送报（送报没有年龄要求）。因为报纸必须在早上七点以前送到各家门口，所以她和另一个同学相约一起送报。两个多月的送报生活让她尝到了靠自己劳动挣钱的乐趣。十五岁到了合法打工的年龄，在她的绝不影响学习的承诺下，我们让她开始了每周在超市做六小时收银员的工作。以下的对话是在接她回家的路上进行的。

妈：梦迪，打了六小时工，累不累？

迪：不累。（笑）妈妈，我今天得了两块五小费。

妈：是吗？超市也有小费？

迪：应该没有，可那个老太太要给我，我就收下了。

妈：那说明你干得不错。你们同学中有多少人开始打工了？

迪：挺多的。

妈：梦迪，要是我每个星期给你同样多的钱，让你在家读书，你愿意吗？

迪：Are you kidding（你开玩笑吧？）每个星期给我五十多？！太多了！不可能吧？不过，即使你愿意给我这么多，我也不要。

妈：为什么呢？

迪：都是我们家的钱，给来给去没有成就感。自己挣钱感觉多好。再说打工也不累还挺好玩的。以后申请大学，或许还是一个优势呢。人家会觉得我不仅学习好还有工作能力。说不定还会多给我一点奖学金呢。谁知道呢？

妈：你们真幸运！这么小就有机会赚钱接触社会。我们那会儿只有义务劳动，学工学农什么的。没有打工赚钱的机会。

迪：我们也有做义工。Actually（事实上），学校要求我们在四年高中期间最少要做 45 个小时的义工。我们学校还有一些募捐活动。我现在正在参加一个为癌症病人的募捐活动。你不要以为随便报个名就行了，首先你得募到最基本的数额，这一次的要求是五十。完成了这个，你才可以参加下一轮的集体走路募捐。

妈：那你募到五十了吗？

迪：还没呢，还差二十几。

妈：要是募不到呢？

迪：不会吧，要是真募不到，那我就自己捐。

妈：这么认真有什么好处？

迪：好处？好处就是我可以参加下个月的校园 Camping（露营）而且这也算是义工。

3. 时尚和流行

女儿突然迷上了一个叫着"东方神奇"的乐队，原本贴满日本动画人物的墙上突然间变成了乐队成员们的明星照。有一天，她和她的朋友们居然在我们家为其中一个乐队成员过生日。一边放着他的演唱会 DVD，一边唱着生日歌。对于这种追星，我十分好奇，下面的对话便由此产生。

妈：梦迪，我奇怪你怎么会迷上韩国的"东方神奇"乐队？这儿又没有他们的 CD 卖,你从那里知道他们的呀？

迪：同学介绍的呀，然后就自己到网上去找。一听就蛮喜欢他们的。

妈：喜欢他们是不是因为有亚洲文化的背景？

迪：没想过这个问题。

妈：我之所以这样问是因为你从小迷的东西不是日本动画就是韩国乐队，好像总跟亚洲沾边。

迪：嗯？好像是！对于歌曲，只要好听我就喜欢。所以我除了喜欢东方神奇的一些歌，我也喜欢 Akron, Greenday 等等。对于明星我确实偏爱 Asians（亚裔），我喜欢他们的装扮和气质，这可能就是你说的相同文化背景吧。

妈：学校里讲究时尚流行吗？

迪：当然！我们学校有很多 Group（圈子）。不同的 group 有不同的 fashion（时尚）。比方说中国同学就分两个 Group。一个叫着"White-Washed"，他们大都是很小就来加拿大或是出生在加拿大的。他们不会说中文或者说得怪怪的。他们的 thinking & action（思想和行为）都北美化了。所以称为"White-Washed"。另一个就叫"FOB"means"Fresh off the boat".。他们都是才到加拿大不久的。英文不太好，还带有很浓的中国口音。他们碰到一起就大声说中文。穿中国似的时装，大多戴深色宽边眼镜，一看就很特别。

妈：那你属于那一个圈啊？

迪：我和我的朋友们不属于任何 group。我们的中英文都不带口音。所以同两个 group 的人都能玩到一块。

妈：那其它族裔也分圈吗？

迪：当然，白人就有"Skater"和"Punk"。我英文课的同桌就属于"Punk"。香烟抽得好厉害,我闻到她身上的烟味都觉得晕。

4、恋爱

一日，正要和女儿出门走路，电话铃响了，是女儿的朋友 Lisa

打来的，她拿着电话跑到卧室里说了很久。出门后我对她发牢骚。

妈：你们搞什么鬼名堂？讲这么久！不知道我在等你啊！

迪：Mom，对不起！Lisa 和她的男朋友 broke up（吹了）. 她很难过，我得安慰安慰她呀！

妈：小朋友的游戏玩得像真的似的。

迪：Mom, Lisa 可是真的哦。她不像 Marie 有男朋友只是为玩 。你知道，她的 parents 关系不好，她在家不太快乐。男朋友对她是 everything。

妈：可是你们也太小了！未来什么都没定，自己要什么都不知道，这么可能认真谈女朋友呢？

迪：Mom, 我知道，可她需要爱。

妈：十五六岁的男孩子能给她她所需要的爱吗？

迪：不知道。但有男朋友，她就不那么寂寞了。

妈：你们同学中有多少人有男朋友？

迪：蛮多的。可大多数都像 Marie,只是玩玩。像 Lisa 这样认真的也有。

妈：那你有吗？

迪：我没有！

妈：为什么没有？

迪：Mom! 好像你很希望我有似的？

妈：当然不是，我只是好奇！希望知道为什么你没有。

迪：因为我现在还没有这个需要。（说完，开心地大笑）

后记: 我和女儿之间这样夕阳下的漫谈，一直坚持了十多年。从中不仅了解了她的学校生活和思想动态，也让我们之间的母子关系更加亲密。记得年轻的时候， 读到过一句话：在你能握住孩子手的时候，请紧紧握住。因为有一天这只手会离你而去。

　　这句话对我日后做母亲产生了极其深刻的影响。与孩子相伴，倾听他们是我们能给予他们最好的爱的礼物。当今，很多年轻的父母把自己的孩子交给年迈的父母或他人带大。以为自己的责任就是在外拼搏，给孩子赚取最多的金钱。这其实是大错特错的思想。因为在孩子年幼时，他们最需要的就是父母爱的陪伴。

　　许多父母与成年子女间关系的破裂其实始于孩子幼年时期与父母的分离。通过这篇小文希望传达这样一个信息 ——爱始于陪伴与交流。

合家欢

今年一开春，公婆就赶到美国来探亲，我们安静的生活也因为二老的到来而突然喧嚣了许多。

公婆之所以在密歇根州还春寒料峭的时节赶来，一个重要的原因是想一圆婆婆的"种菜梦"。几次的美加探亲都错失了耕种季节。这次，她老人家卯足了劲要一展身手。时差还没完全倒过来，婆婆就意气风发地在那块还冰冻着的小菜地上规划起来，这块可以种什么，那块可以种什么……最后叹气说："就是地太小了些，不然一个夏天的蔬菜我都可以包啦。"

我说："妈，不是扫你的兴，这块地晒不到太阳，就是种满了也收获不了太多。"

"怎么会？我看太阳不错。你不会种。今年你看我的。"老太太固执地说。其实，婆婆这一辈子也没种过地，十几岁就离开家乡，在大城市里学习工作。老了，眷念起土地来了，感觉自己是天生的农民。骨子里有一种种什么就能收获什么的豪迈。

果然，一星期后的一个艳阳天，公婆二人拿着铁锹将还冰冻着的土翻了个底朝天，又将带来的青菜籽撒了个遍。望着二老忙碌的身影，我只能祈求上天让他们心想事成。

菜种下了，老俩口的目光又投向屋前屋后的树木。

公公最向往的人生境界就是陶渊明的"采菊东篱下，悠然见南山"。显然，能有机会修剪修剪花草树木，那怡然自得的感觉也能与陶公比肩。于是乎，凡他们臂所能及的灌木花树都给修理一番。

回家时，我看见门前原本蘑菇状的灌木被修成了四四方方的小平头，一棵小花树被齐根锯掉，内心多少有点难过。但是老人们一脸无邪的笑脸和他们个人的审美观点让我无语。花草树木就是让人悦目的，只要他们开心就好啦。想到这点，我也就释然。

婆婆唯一没有做成的大事就是锯掉后院几棵她认为挡了太阳的大树枝。第一个反对者就是公公。他认为，就是因为那几棵大树枝，后院看上去才像是一个森林公园。第二个反对者是我老公。他的观点简单而直接。好好的树锯它干什么？只有我知道婆婆内心最真实的想法，她想扩展她的菜地，大树占去的地方与阳光让她感觉损失惨重。我将她那点小心思告诉老公。老公恍然大悟，于是开导老妈说："妈，要是把那几棵树锯了，我的草地就得多浇几倍的水。水费可比菜钱可贵多了。"儿子切中要害的几句话，让婆婆只得做罢。

生性喜欢劳动的婆婆在干完屋外的活后，又将目光转向我的厨房。在谦虚地做了一段时间帮厨后，渐渐就成了主厨。我同公婆打趣道："爸、妈，你们也忒猛啦! 这么大年纪，还来美国抢岗。要是你们能出去工作，美国人民还不得失业一大片。"老人们听后，得意地哈哈大笑。

菜地的收成不如婆婆预计的那么好。青菜缓慢生长的速度让婆婆备受煎熬，她将那些看似较为强壮的菜苗移植到大花盆里，腾出来的菜地种上了西红柿、黄瓜、南瓜和茄子。在 Patio 与草地的石缝间种上辣椒。在大树根下种上了号称九斤王的大萝卜。

可惜，天公不作美。密州今年的夏季虽然阳光普照，却是热度不够。再加上松鼠野兔等小动作的侵袭，西红柿收获了十几只，黄瓜有个五六条，辣椒十几个，青菜倒是吃了六七顿。在秋叶纷纷飘落的时节，婆婆还收获了两三个比拳头大不了多少的南瓜。一家人围着桌边，吃了一顿婆婆种植的蔬菜宴。老公还将这些菜拍了照，放到 Facebook 上显摆了一番。朋友们好一阵羡慕。婆婆的失望也在这些赞誉之词中消融殆尽了。

　　临走前的两天，婆婆慎重其事地拿着小铁锹，叫我和她一起去大树根下拔萝卜。我跟在她身后，到了树根下，两手抓住绿油油的萝卜叶，还没用劲，萝卜就被连根拔了出来。出来的当然不是什么九斤王，而是一、二两重的"人参娃"。老婆婆看后，自己先就笑翻了天。笑后还说，要找小儿子的亲家算账，给的什么萝卜种子，骗人的！

　　我说："人家可没骗你，你看看这小白娃个个结结实实，是你种的太浅，人家没法生根。"婆婆这才恍然大悟，她把萝卜籽当青菜籽一样在浮土上撒了一层。能长几个"人参娃"就算运气不错啦。

　　有好友来访，不久就被我们一家其乐融融的气氛所感染。悄声问我与公婆和睦相处之秘诀。低头细想，好像没什么秘诀。有的只是一点人生领悟。父母为儿为女操劳一生。老了还万里迢迢赶到异国他乡，只为与儿女多相聚一会儿。面对这样的深情，我们有什么伟业不可以放下，有什么差异不可以相容。

　　爱，不只是言语，当是贯穿我们一生的行动。有爱的家，就能合家欢！

雏鸟远去

女儿离家前，曾像一只雏鸟在我身边或上或下地盘旋。依恋与不安让她心情起伏跌宕。我很想将她揽入自己的羽翼下为她永远地遮风挡雨，但知道自己的有限，没有能力庇护她一生的路途。只能鼓励她飞翔，飞翔到她向往的地方。

天空自有它高远的魅力，那只雏鸟在几经盘旋后终于扇动起那年轻有力的翅膀向着远方飞去。

看着她渐行渐远的身影，我知道从此这便是我们之间的距离。

想起多年前的自己也曾是那一只雏鸟。飞翔时的欢快和执着让人轻易地忘却那注视着自己的目光与牵挂。

飞，飞得更高，飞得更远，是心中唯一的目标。

只有，只有一天感到累了、倦了和受伤了，才会突然间忆起那份远方的思念，才会想起该回家看看。

那时候的回家大多出于自己的需要，让疲惫的身心暂时歇息一下。眼见的并不都是父母的爱和思念。

只有，只有在望着孩子远去的背影时，我们才会真正了解这份爱的沉重。

今日远去的雏鸟有一天也会仰望着另一只雏鸟在她的视野中渐渐远去、消失。

人类仿佛只有在这样的轮回中才能真正体会出爱的深意。

家

对于家的认知始于五岁时的一个夏日夜晚。那个夜晚，我如往常一样早早地搬了张凳子坐在大院的公共地带，等候讲故事的阿姨继续她的"十二个回合"的连载故事。当人们陆续聚拢到一起的时候，只见我的朋友冰与她的妈妈、爸爸和弟弟慢慢地朝我们走过来。经过众人时，她妈妈微笑着对大家说："今天不听故事了，一家人到街上散散步。" 望着他们远去的背影，我第一次如此思念我在异地工作的父亲。希望自己也能像冰那样有爸爸妈妈相伴出去散步。家，在幼小心灵里是一幅全家团聚在一起的画面。

青春浪漫的时候，读了看了许多催人泪下的爱情故事，相信家是爱情完美的归宿。后来听了台湾歌手潘美辰的"想要一个家，一个不需要华丽的地方，在我疲倦的时候，我会想到它。想要有个家，一个不需要太大的地方，在我受惊吓的时候，才不会害怕……"家，在青春的向往里是一个爱情永驻，挡风遮雨和疗伤止痛的地方。

终于有一天自己走进了婚姻的殿堂，有了属于自己的家。才发现家其实是一所学校。在同一个屋檐下，我们学会宽容，理解和沟通。才发现家是一个熔炉。将两个不同背景，不同个性和不同思维方式的人放到一起熔化合一。才发现家需要两个人在平淡如水的日子里仍能感到富足平安，在光观陆离的诱惑前仍能坚守最初的爱情誓言，在贫富面前仍能处变不惊。

建造一个温暖幸福的家需要信心，恒心和爱心。需要每一天的耕耘和付出。当家只成为生命的索取之地时，它就有可能成为生命的沙漠或互相撕杀的战场。

一天女儿看完一部关于家的影片后，搂着我的脖子轻轻地对我说："妈妈，谢谢你给了我一个美丽的家。"那一刻，心里涌动的是温暖是欣慰是满满的爱。美丽的家是爱的源泉。当每个人心中都充满了爱，"让世界充满爱"才不会是一声口号、一句歌词和一个永远无法实现的梦想。

家，是值得我们经营一生的事业。

闲

日子过去了很久，那个冬日午后灿烂的阳光和枝头上小鸟慵懒的身影却如一幅画似的印在生命的画板上。

那是一个阴霾了许久后难得的晴日，午后，我倦怠地横卧在床上。阳光透过大玻璃窗将整个房间烘烤的温暖如春，在这如春的氛围里，我半眯着眼发现阳光如丝般一缕一缕将房中所有物件笼在其中。我整个人被光丝搂着，就像一个婴儿被母亲搂在温暖的怀里。那一刻，我的脑子一片空白。万物不再存在，有的只是那可触摸的柔柔的暖。

我将眼光游离到窗外，发现有一只肥嘟嘟的小鸟栖息在光秃秃的树枝上，如我一般慵懒地半闭着眼。我望着它，只见它无忧而自得地享受着阳光，一会儿掀起翅膀扭头啄啄身上的小虫，一会儿浑身乱颤地抖动一身的羽毛，一会儿又安静地闭上眼睛……

一段话突然跳进我空白的脑海："你们看天空的飞鸟：它们不撒种，不收割，也不收进仓里，你们的天父尚且养活它们；难道你们不比它们更宝贵吗？"

是啊！我们的生命比飞鸟更尊贵，可为何我们却不能如它们那般怡然自得、无忧无虑地生活？是因为它们太简单、还是因为我们太复杂？是什么驱使着我们终日如陀螺般旋转忙碌？是什么让我们忘记了春花和秋月？

我静静地躺在暖暖的阳光里，看时光在指缝间悄然流逝，身心有着前所未有的轻松和喜悦。的确，当时间不再以金钱为衡量单位时， 当生命在不计较利益得失的闲适中度过时，我仿佛才体会到了什么是生命，似乎才触摸到一点生命的本质和意义。那一刻，我突然明白了是什么让我们丧失了如鸟般自由快乐的心。

那个冬日的下午，在阳光下、在闲适中，我尽情地享受着生命最简单的快乐—闲。

吃在多伦多

　　中国人讲究吃是出名的。漂泊海外的华人们很多时候的乡思源于吃。我出国后的第一次回国，就是满大街寻找自己梦里回味千万遍的家乡美食。朋友们常常一起笑说：什么都可能被改变，唯有我们的中国胃肠不能改变。我算是一个能吃百家饭的人，坚持一星期不吃中国饭也就是我的极限了。

　　二十年前我们住在多伦多，能吃上一顿正宗的家乡菜还真不易。那时候，多伦多的华人大多来自香港，所以中餐大多是广式口味。淮阳口味的饭店几乎没有。但就是这样，我们有从欧洲移居到加拿大的朋友们已经幸福无比地宣称：能在海外吃到像样的中餐就不错了。多伦多能称得上海外的中餐天堂了。

　　听了他们的感叹，我也就心平了。是啊！人都离开祖国了，还能怎样？难道为了自己的胃，还要把祖国的美食也一起背过来？简直就是得寸进尺、痴人说梦！

　　然而，奇迹就是在人们意料不到的时候，悄然发生了。随着加拿大政府对中国一波又一波移民开放政策的实施，越来越多的华人涌入加国。鉴于地理、气候、物价等多种因素，多伦多又成了大多数华人移民加拿大首选的城市。内地的华人多了，吃就不再是问题了。一间又一间的中餐馆如雨后春笋般，在多伦多的大街小巷、大 mall 小 mall 里生长出来。

　　每一次去多伦多，都会有被惊到的感觉。这座都市的变化实在是太大太快了。在这座城市里，不仅能吃到最精美的中国美食，还能吃到来自世界各地不同的美食。对于故乡美食的思念再也无需买机票回国享用了。现今到多伦多的感觉就像回了一趟家。

上个星期周末，跑了一趟多伦多。从帝王蟹到蒙古烧烤、从英伦下午茶到北京的煎饼果子，吃到我肚腹滚圆满口留香。

有朋友从北京到多伦多度假，呆了三天就感叹道：这全北京的中国餐也比不上多伦多的价廉物美，品种齐全啊！

的确，在多伦多没有你吃不到的美食只有你想不到的美食。 究其原因，大概"民以食为天"是全人类的法则。不光是中国人有中国胃，世界各民族人民都拥有着一个带着祖国痕迹的胃。当他们离开祖国，飘落到多伦多时，也将家乡的美食一同带上了。

多伦多这个开放的国际大都市，移民者的聚集地，也就渐渐演变成了大食都 ---美食家的天堂。不信，找个空，你去吃吃看。

在酒吧里看球赛

我从小就不喜欢体育。一直以为看球赛是男人们的事，与我毫不相干。老公也不是运动迷，只是对足球情有独钟。大概是中国男人的共有爱好和梦想吧。

移居北美后，情况发生了变化。热爱运动的加拿大和美国人都不待见中国人为之疯狂的足球。

加拿大人的国球是冰球，美国人的最爱则是橄榄球。所以，每当欧洲杯世界杯足球比赛时，美加两国表现得特别淡漠，绝对没有欧亚南美万人空巷的场景。

独自在家看球赛，对老公这样的足球迷来说是很寂寥的。没有同伴，没有环境，更没有气氛，再好的球赛看看就失去了兴致。仿佛一场歌舞晚会独自欣赏和集体观赏，感觉和气氛是完全不同的。

可今年的世界杯足球赛一开始，老公就很兴奋，仿佛回到了从前。究其原因有二：一是家里装了中文电视，电视里有关世足赛的赛情和花边新闻铺天盖地，让我这个球盲都感受到了祖国民众对足球的热爱；二是有了微信，看球赛时还能与万里以外的弟弟和朋友分享观感。

世足赛期间，我们家电视永远停留在与球赛相关的体育频道。在这样的环境中生活， 我从一开始的不经意瞄几眼，到偶尔驻足观望，再到后来看出了门道。我居然在不知不觉中被扫盲了。不仅被扫了盲，还纠正了我对足球的错误认识。足球赛在我眼里不再只是枯燥无味的野蛮运动，而是一场集体配合与个人表现相结合的团队艺术运动。球场上飞奔的身影让我产生了从未有过的敬意。

所以，当老公提议周日到运动酒吧去观看德国与阿根廷的冠亚军对决赛时，我欣然同意。

下午 2 时 50 分进入酒吧，酒吧里客人不多。中央的吧台已被几个高大的中年男女占据，他们头顶上悬挂着的三面大型超薄电视都正播放着体育赛事。一个播放着棒球赛，一个播放着高尔夫球赛，正中的屏幕正在介绍即将出战的足球明星们。我们走到预定好的亭子间，一个小型超薄电视屏幕悬挂在桌子中央的墙上。点上啤酒、玉米片、汉堡和猪排等食物后，比赛就开始了。在美食的陪伴下观看比赛，感觉超好。

这是一场势均力敌的比赛，双方在防守与进攻上都做得尽心尽力，不敢有半点差池。当德国队险些进球时，那几个中年男女发出了惊呼！吧台顶上的红色警铃也很配合地即时响起，看球的气氛渐渐营造出来。我突然瞥见那儿个女人脸颊上贴着的彩色德国小国旗。哦，原来是德国人后裔！无论身在何处，根是不会忘记的。酒吧的另 头有一群年轻人在观球，中场休息去卫生间时才看清他们的脸孔，是一群印度裔男女。他们看球的兴奋不亚于我们。酒吧里又陆陆续续进来了几拨人，但好像并不是冲着足球赛来的。

当加时赛进行到只剩 7 分钟时，德国队新进场不久的替补队员19 号以一个漂亮的胸顶脚踢快速动作为德国队踢进一球，这关键的一球基本决定了胜负。酒吧里一片欢呼声，连不看球赛的一对老夫妻也放下手中的食物，扬脸冲着我们微笑。

就在这个时刻，我收到好友发来的微信："终于踏上非洲大地。"

好友钟情于非洲的大草原和动物们，可一直犹豫着不敢前往，这一次终于下定决心迈出了勇敢的第一步。我与她在美洲和非洲分别完成了我们生命中的又一个第一次：她第一次踏上非洲大地，我第一次看完了一场完整的球赛。

人生中总有一些看似平淡却又充满意义的第一次。每个第一次都带领我们进入一个未知的世界。因着这无数的第一次，我们的视野宽广了，我们的世界辽阔了。

推开酒吧沉重的大门，室外阳光灿烂，天空碧蓝如海。"天高任鸟飞，海阔凭鱼跃"大概就是对那些能够勇敢地不断挑战自我的人说的吧。

走， 到西雅图过周末

密西根州的冬天，很多时候就像是一位瘦削、阴沉的老巫婆，骑着飞帚不时地从口中吹出刺骨的风、凛冽的雪。让生活在她控制下的我们总有欲逃的冲动。这不，刚有朋友从西雅图发出邀请，我们就立马定了机票、打点行装，飞身前往。毕竟西雅图要比密西根暖和 10 几度呢。

星期五的下午，西雅图以它冬日里难得的阳光明媚欢迎了我们。放下行李，就直奔朋友推荐的海鲜馆。海鲜馆最具特色也是最受欢迎的的菜式就是什锦海鲜，中国人给了它一个最生动的名字叫"砸螃蟹"。它的配料就是各类蛤、虾和大螃蟹以及土豆、玉米和香肠片。做法完全是美式的。所有食材煮好后放在一起再烧烤一下，撒上一些盐、黑胡椒和辣椒面。吸引食客的是它别致的吃法。在吃之前，客人面前摆放的不是碗和盆，而是一副木制小砧板、一个小木锤子再加一条纸围裙，服务员捧着一个金属大盆将客人点的什锦海鲜们一股脑儿泼放在餐桌的中央，客人们拿起螃蟹放在砧板上用木锤一敲，蟹肉就崩了出来。简而言之，这道菜吃得不是味道而是趣味。

如果说密西根州的底特律是美国汽车工业的发源地，那么拥有波音公司的西雅图堪称美国航天工业的重要基地。到西雅图是一定要参观一下波音公司的。在参观的过程中， 不仅对波音公司的过去、现在和未来发展有了基本的了解。最重要的是亲眼目睹了飞机的制造过程。在波音最大的民航机装配车间，我们有幸观看到正在为中国航空公司装配的波音 747-8。那一刻，我对那些默默为航空工业作出贡献的人们心怀敬意和感激。正是因为他们的梦想、才干和坚持，我们才有可能像鸟一样驰骋天空。将漫漫长路缩短到今天的近距离。世界变成地球村，波音功不可没。

西雅图值得看值得玩的地方太多，可我们只有一个周末。对于我们这帮吃货们来说，逛美国最古老的农贸市场（Pike Place Market），成为理所当然的选择。一进入市场就看见一只被众人摸得浑身发亮的铜猪，朋友提议我们朱家应该拍个全家福。于是朱先生、朱太太和小猪就搂在一起拍了张合家欢。两个艺人在市场入口处卖力地弹着琴唱着歌。可一旁卖海鲜的小伙子们的吆喝声更响。他们将顾客要买的大鱼在空中抛来抛去，看得我眼花撩乱。这哪儿是卖鱼，分明就是一场精彩的抛鱼秀。在市场里，我见识到巨大无比的阿拉斯加帝王蟹，还有一整条的三文鱼。第一次品尝了一种叫海胆的海鲜。除了海鲜和各类小吃，市场里还有许多吸引人眼球的手工艺品。那一束束色彩缤纷的干花，让我爱不释手。真想把它们全都带回密西根。离开市场前，又和朋友们去海边的餐馆砸了一次螃蟹。

一个周末就这样在西雅图消磨掉了。在回机场的路上，收到朋友从微信转发的文章，题目是"中国最幸运的一群人： 1962 -1972 年出生的人"。很幸运我正好是这个年龄阶段出生的。仔细想想，在人类历史的长河里，普通人能拥有一次随心所欲的旅程、能品尝新鲜美味的食物、能享受科技带给人的便利，这样的时代其实千载难逢。我感谢上苍：让我生逢其时。

混迹职场

Cubicle 动物

收到朋友寄来的一首名叫 My Cubicle 的歌。当男歌手随着轻快的吉它旋律唱出："My job is stupid, My day's a bore, In this office from Eight to Four, Nothing ever happens......"（我的工作很呆板, 我的日子很无聊,在办公室里从八点到四点,什么事都没发生） 幽默诙谐的歌词和歌手富有磁性的嗓音

一下深深吸引了我。当听到"Pretending I'm working"（假装我在工作）时，我忍俊不止。

我沉浸在这首白领内心独白似的歌声里，而我的笑容却在歌声中渐渐消失。在听到"I give a sign as the boss walks by. No one ever talks to me or looks me in the eyes, I sit in solitude"（当老板走过我身旁,我一声叹息.没有人同我说话, 也没有人看我一眼，我孤独地坐着）时，竟发现自己已泪眼朦胧。

什么时候我们这些受过高等教育被尊称为白领的人们已像一群笼中鸟，终日困守在一座座全封闭的大楼里，栖息在一个个由木板分割的被称之为 Cubicle 的格子间里。呼吸不到新鲜的空气，感受不到四季的变化，聆听不到虫鸟的鸣叫。

我们围困在拥挤的 Cubicle 里，一边抱怨我们失去了自由，一边又祈祷上帝不要让我们离开这些我们赖以为生的 Cubicle；我们依恋着 Cubicle 就象失去飞翔能力的鸟儿依恋着笼中的食物；我们感恩着 Cubicle 带来的安全感就如鸟儿感恩着为它们遮避风雨的笼子。

我们骄傲我们拥有了一方属于自己的没有天空的 Cubicle。我们

也终于在日复一日，年复一年的 Cubicle 生活里，变成了一群脸色苍白，四肢无力，目光黯淡的 Cubicle 动物。Cubicle，Cubicle，你囚禁了我们，也养育了我们！这是现代白领的幸还是不幸？ 一个我暂时无法回答的问题。

静静的百合

　　她从来没有想到我会注意到她，她更没有想到她微微佝偻的背影在不经意中已成为我生命视野里一道永远的风景。

　　她，D 公司的一名清洁工，一位五十多岁的妇人。记得第一次到 D 公司面试后回家，老公问:感觉如何？我答:我喜欢这家公司，它的卫生间真干净。老公听后无奈地摇头。或许他已习惯了我这种由感官判断事物的秉性。接着又问：那他们要录用你，你愿意去吗？当然！我不假思索地回答。就因为它的卫生间?老公打趣道。我微笑不语。问自己：难道不是吗？喜欢一个地方有时候就是这么简单。

　　到了 D 公司才发现，D 公司总共有十几个女卫生间，但不是每间都象她负责的那几间那么干净整齐。每天一早我都会看到穿着深蓝工作服，雪白运动鞋的她低头忙碌着。她总是从容不迫地打理一切，她干活的态度和样子就象一位家庭主妇在温暖的家中心满意足地忙碌著。凡是她手脚到过的地方便留下一片洁净。有一次我站在离她较远的地方看她干活，只见她拿着一块毛巾使劲地搽着自动饮水器，搽搽再退后看看，直到铝合金的自动饮水器光鉴照人，她才住手满意地走开。有时候在卫生间正好碰上她，对她问声好。她总是非常礼貌地轻声回应并告诉你别着急，你不影响她干活。她说话的时候总有一丝与年龄不衬的少女般羞涩的表情，使你也不得不降低音调，惟恐不小心惊吓了她。我常想：她真不像美国清洁工，而更像是一名东方害羞女子。

　　因为每次看到她，她都在忙碌，加之她的寡言，我到公司两年多和她说话一次不超过三句。可每当我在公司走廊看到一些手捧电脑，眉头紧锁，行色匆匆的白领同事或经理们时，她那张平静安详的脸就会出现在我的脑海里。几天前我在放有微波炉的休息室里碰到在那儿热饭的她，这是两年来唯一一次碰到她不在干活，我连忙自我介绍并问她的名字。她告诉我她叫 Doreen。我很高兴有机会向她表达出我对她辛勤工作的谢意。她听后脸上泛出淡淡的红晕，眼里闪着一丝欣慰的光芒。她告诉我今年是她在 D 公司工作三十周年，到年底她就可以退休了。若公司留她，她还愿意做。她说她喜欢这份工作。她用了 Gorgeous（很棒）来形容她的工作。

我听后有一种说不出的感动。一份在大多数人眼里很卑微的工作，她却默默地做了三十年,做得这样尽心尽力，喜乐满足。与其说是工作本身很棒，还不如说是她使这工作变得很棒。我想，很多年后我可能会忘记一些身居高位自命不凡的经理们，可我却不会忘记 Doreen 这个普通平凡的清洁工。她就像公司走廊里静静开放的百合，给你匆匆的步履一个停足的片刻，给你平淡的生活一个悄然的惊喜，给你烦躁的内心一点宁静的暇思。

在停足凝眸的瞬间，静静的百合就成了心底里一道美丽的风景。

地主们的酸甜苦辣

2008 年美国的金融危机、次贷危机像一场肆虐的风暴夺去了许多美国老百姓的家园。然而，俗话说："危机危机，有危险就有机会。"在这场危机中，许多在美国生活的中国同胞抓住了天赐良机，用大量现金收购起贱卖的房屋，摇身一变成为美国地主。当然，做地主也非易事。让我们一起走进他们的小世界里，感受一下他们的酸甜苦辣。

崔哥的地主传奇

崔哥本是一家汽车公司的机械工程师，2008 年的金融危机让他失去了工作。好在工作了近二十年，房贷都已还清，家里的储蓄也够吃喝。所以，失了工作的他，倒也不是太慌乱。趁着空闲，整整屋前屋后的草坪，上上网看看新闻。从新闻里，崔哥渐渐地嗅出了一丝商机：买房的好时机到了。

于是开车出去转悠，果然发现有许多房屋前挂着出售的牌子。立马约了经纪人，表达了自己想买一间便宜房做出租的想法。经纪人对他的想法给予了高度肯定。说在自己的十多年的职业生涯中，还没见过房子跌得这么惨的。真是"机不可失，时不再来。"

就这样崔哥走上了淘房买房和租房的地主之路。这一走就从业余走向了专业。从修理房子中，发现了自己潜藏的才华和热情。再破的房子，在他手中几个月一修整，立马旧貌变新颜。崔哥越做越喜欢，越做越上瘾。最后，干脆自己考了一个经纪人执照。

崔哥选的房子大都是白菜房，一个接一个白菜房被他搂回家，又一个又一个被他修整好出租了。现金的回报率远远高于过去朝九晚五的薪水。短短几年，崔哥拥有了二十几处房产，他从一名工程师华丽转身，成为专业地主。

当然，崔哥做地主也有头痛的时候。因为白菜房的地理位置有些不是特别好，租客的来源也就不会太好。所以，找到好房客的时间就要长一些。一开始崔哥心急，一有人想租他的房他就给租了，结果房客交不出租子，崔哥不得不动用法律手段将租客赶走。房子多，租客多，管理起来也不容易。但是，自己做老板还是爽过替别人打工，看他人眼色。崔哥每天睡到自然醒的地主生活还是乐大于苦的。

凌姐的投资理念

凌姐的地主生涯开始得比大多数人都早。她是某企业的财务高管。经济头脑自然比一般人强。再加上常常中国美国各地的飞，见多识广，投资的目光也就比普通人敏锐很多。早在 2004 年，她就发现中国的房子有很高的升值空间，于是就在北京和上海两地买了两处小户型公寓房。据她回忆说：当时手上钱不多，还问朋友借了些。待 2008 年卖掉时，她得到的回报远远超出她的预期。

凌姐的业余时间基本上都用于研究各地房产业发展趋势。按她自己的话就是：虽不是专业地主，但绝对拥有专业地主的精神。2008 年开始她投资的范围从中国转回美国各地，尤其是西海岸地区。

凌姐投资以玉房也就是好房升值空间大的房子为主。她看重的不是房子带给她的现金流而是卖出后的回报率。这是财大气粗的大地主思维和投资方式。因此，对于招租房客这样的麻烦小事，她本人从不亲自打理，而是委托专业公司代管。这样她就有更多的时间和经历去猎获她中意地区的房子。

不过，千里马也有失足的时候。凌姐也不例外，在投资一处商业办公房后，一直没有找到合适的合作伙伴。空置了大半年后，不得了降价出售。

有投资就有风险，问题是怎样将风险控制在自己能承受的范围内。凌姐是投资高手，她能做到的不是一般小地主们能做到的。 不过， 她的经验和眼光是大家学习和研究的典范。

小白的租房风波

小白是 IT 男。2012 年初的一次与同事们的午餐聚会，大家提到了投资并且对股票与房产投资进行了热烈讨论。说者无心，听者有意。小白回家就把中午听到的有关房产投资的好处向老婆一五一实地回报了一番。小夫妻俩一合计：觉得可以试试买一个房子，尝尝当地主的滋味。

小白老婆还听取了闺密的意见：小白工作繁忙，动手能力有限，买房应该锁定在有专人管理打扫的公寓房。那年的公寓房跌价超常，没花几个银子就买了一套二室一厅的小公寓。因地处大学附近，很快就出租给了两个大学生。小白没想到：做地主原来可以这么逍遥快活。每天睡觉的时间，银子也能往家里流。于是，想尽办法把能动用的资金全都调动起来，不久又买了第二套公寓。这第二套也很快成为小俩口的摇钱树。

可是最近，小白遇上麻烦，摊上事儿了。事情的经过是这样的：小白夫妇前段时间看中了一处价格和地理位置都不错的公寓，经纪人悄悄对他们说：这个公寓好，但条件是第一年不能出租。小白夫妇心想：房子都是自己的了，还有谁能拦住不能出租？

于是不顾一切买下公寓，很快就出租掉了。正当夫妻俩人为自己的勇敢和胆识沾沾自喜之际，收到公寓管理委员会的邮件，说他们违反了公寓管理规章，把房子出租给他人，现勒令他们在一个月内把租客遣走。否则，法庭相见。

这一下把小白吓坏了，进退两难啊。一边是签好约的租客，一边是按规办事的管理委员会。他跑到崔哥那儿讨主意。崔哥说：在美国做任何事，第一要紧的就是守法。绝对不要耍中国人的小聪明。第二知错就改，管理委员会给了一个月的时间，你一定要在这时间内让租客搬走。给租客多说点好话，必要时再给一点经济补偿。把事情处理得越快越好。

小白的经历让圈内地主们提高了法律法规意识。大家得出共识：做美国的地主懂法和守法是必须的。要想做一名既能赚钱又拥有幸福感的地主其实并不容易，地主的事业需要用心去经营。

花影茶香话老文

老文，名致远。人如其名，淡泊明志一儒士。认识老文，因花之故。刚到 D 公司上班，发现很多女士的办公桌上有鲜花盛开。女人爱花不足为奇，奇怪的是她们的花除了颜色有异，品种却永远一致。一日，终于忍不住问同事："公司有花店吗？" 同事不解地望着我答："没有，你想买花？" 于是将心中的疑惑说了出来。

他们听后大笑，告诉我那都是老文送的。"老文是谁？男的，女的？" 我好奇地问，同事很卖关子地答到："男的，不久你会认识的。"真得不久便在一个中国同事的聚会中认识了老文，从此，我的办公桌上也有了各种各样的鲜花。

老文送花的情景总让人有一种感动和欣赏。只见老文右手捧着一大把鲜花，左手拎一壶水，脸上挂着谦谦微笑，昂首挺胸地川梭与各办公桌之间。把花递到你手中时也将此花的名称，特性告之与你。若遇到办公桌的主人不在，老文会将花插到主人的花瓶里，再在花瓶里添些水。老文做所有的这一切都始终面带微笑且从容不迫。一日，一印度同事对我说："我真佩服文的勇气和坚持，一个男人捧着花三层楼的上下送花给那么多同事。他真了不起！我连拿着花在办公区域走一圈的勇气都没有。真不知道是什么力量支持他这么做？"

说实在，我心里也有同样的好奇。于是见到老文忍不住便将问题提了出来。老文听后，沉吟片刻，脸上挂着他特有的淡淡微笑答道："送花通常被别人看来是件非常浪漫的事，一般界于情人或亲密朋友之间。一个男人拿着花也容易让人有娘娘腔之嫌。可我却经常拿着花在整个办公区域走，把花送给每个我认识的爱花的同事。这有点令人不可思议，对吗？"我点头承认。他继续道："你能不能告诉我，

当我送花给你的时候，或当你一上班就看到有一枝鲜花插在你的花瓶里时，你的心情如何？"

我答："心情好极了！"

他笑到："对了，生活有时就这么简单，一枝花就能改变我们一天的心情。我一开始并没有意识到这点。我喜欢种花，园中种了很多花。可平时又很忙没有太多的时间去欣赏，觉得很可惜。于是就剪几枝带到办公室，没想到引来很多人的羡慕。现代生活让人远离自然，可人的本心又向往自然。当繁忙的生活让我们忽略了自然变化时，我的花就在无形中传递了这个信息给大家。我的花不仅带给人好心情，更减少了大家心中不能常常亲近自然的遗憾。这些都是让我能坚持送花的动力……" 望着侃侃而谈的老文，我不仅知道了他送花的动力和目的，也真正明白了什么叫"境由心造"。

老文不仅与人分享花也与人分享茶。"想喝茶找老文"已成了大家的共识。与老文一起喝茶绝对是人生一乐事。他知道各种茶之间的不同和很多与茶相关的典故。和他一同喝茶是既品了茶又长了见识。他还常常利用中午时光约三，五美国同事喝功夫茶。在讲解茶道的同时也介绍一些中国先哲和文化。于是，老子，孔子和中国的各种文化习俗便随着一杯杯的热茶进入到老美心中。写到这，我忍不住捧起面前热腾腾的绿茶，轻轻地抿一口，一丝淡淡的清香沁入心脾。隔着腾腾的热气，我看到粉红的芍药温柔的微笑。我也在不知不觉中进入了一个由花和茶构建的宁静的精神世界。

追忆北美职场遇到的那些人

回国，好友相见。有闺蜜问：在国外职场打拼不易吧？我说：是。她好奇地要求：能不能分享一点故事？我一时语塞。那些在职场穿梭的日子，如影像般在脑海中飘过。有这么几个人，尽管他们的面目已经在我的记忆中有点模糊， 但他们带给我的生命影响让我难以忘怀。

于是我的故事就从三位老板说起⋯⋯

三位老板的故事

简

第一位是加拿大的一个女老板简。她是学院计算机中心的主任，我是学院里的学生。暑期我被她聘到她主管的计算机中心工作。那是我在加拿大干得第一份与专业有关的工作。我很卖力，按照部门小经理的要求，每天在整个学院大楼里跑上跑下为教职员工和学校实验室安装电脑设备。

简虽然不直接给我下布置工作任务，但我工作的考核成绩却是由她来评。她对我很亲切，有点像个慈祥的老阿姨。我不知道她具体的年龄，但从他人口中得知，她的三个孩子都已长大成人。她年轻时，曾经是全职妈妈。三个孩子上学后，她才回到职场打拼，一拼还拼到学院里技术含量最高的计算机中心主任的位置。别看她小小的个子，每天都有高头大马的男部下对她点头哈腰。我的部门经理就是一个加拿大中年壮汉，将近 1 米 8 的壮硕身材，每天早上都要捧着咖啡，有事无事地去简办公室汇报一下工作。那时候的简总是严肃的，眼睛里闪烁着清晰理性的光芒。她话不多，但言简意赅。做事雷厉风行，很有大丈夫气度。当时，我对她真是敬佩之极。什么是集贤妻良母与女强人于一身的女人？我从简身上得到了完美的答案。

亚西米

第二位是我在美国汽车公司工作的顶头上司，名叫亚西米。她是土耳其移民，从美国名校杜克大学毕业后，找到工作、留在美国。她年纪轻轻，野心勃勃，善于钻营。不仅自己在短短几年内掌控了部门里主要技术项目，还把老公也弄进同一公司同一部门。夫妻俩虽不是部门经理，但却是实际的部门掌权人。好几任部门经理都被夫妻俩的糖衣炮弹打发得团团转，落得做甩手掌柜。

都说美国人廉洁，我想只是因为制度的约束，贪婪是人的本性。我就亲眼目睹过许多次，亚西米手捧大包小包的礼物串到各个相关部门经理的办公室。他们自己得到的回报就是权利和高薪的工资。部门里的中外普通员工对他们的为人都有些不满，但饭碗在他们手上，谁愿意得罪？不过，夫妻俩的共同点就是勤奋。俩人都三十多岁了，为了挣钱，不要孩子，每天恨不能一天 24 小时留在公司加班加点地挣钱。

后来部门要被外包到印度，亚西米悄悄地对我说：赶快逃吧，这是一艘正在沉没的巨舰。看着她忧郁的眼神，想着她曾经透露过她在土耳其的成长经历，我突然理解了她和她先生的行事为人。缺乏安全感是许多人拼命工作拼命捞钱的主要动力吧。

约翰

第三位老板是中国人，英文名约翰。他是中国移民。80 年代初出国时，他才十几岁。当年他是投奔叔叔去的，但在叔叔家只呆了几个月就开始独立生活。按他的话说：那时候的日子不堪回首。不是一个"苦"字能够道尽的。

大学毕业后拼命工作了十年，人到中年终于创建了自己的 IT 公司。 为了从美国大公司里外包到 IT 项目，他的公关真是做到极致，连大公司的看门员工他都会经常馈赠一些小礼品。他聘用了两个老美做公司的副总。一个抓业务，一个和他一起抓公关和拉项目。每天他都以高昂的革命斗志和乐观的工作态度出现在我们面前。私下里，他还念叨一些毛泽东语录，比如说：阶级斗争要年年讲、月月讲、天天讲……给自己鼓劲。他说：与老美打交道，就像是搞阶级斗争啊！敌进我退，敌退我进。

我笑他：感觉你超越时空，整个思维还停留在毛泽东时代。他理直气壮地回应：毛泽东伟大啊！少年的我就是靠着他的革命思想才能排除万难，走到今天……。

我不得不感叹：不是环境造就了人，而是思想造就了人。

如果说在北美当老板不易，做员工的也绝不轻松。

三个同事的故事

乔治

密西根州是美国汽车工业的发源地，在上个世纪五六十年代，可是声名显赫，地位突出。到了七八十年代还有点傲视其它州的味道。在三大汽车工作的员工们简直就是生活在蜜罐里，劳保福利应有尽有。一不如意，还常常闹腾个罢工什么的。可是随着高科技的发展以及其它国家的汽车工业崛起，三大汽车公司经济形势每况愈下。

九十年代开始，裁员的风暴是一波接着一波。首当其充的不是有工会保护的蓝领工人，而是有高学历的工程师们。害怕失去工作的不仅是我们这些来自第三世界的移民们，连美国当地人也战战兢兢。

老乔治就是其中一员。老乔治其实不老，也就五十出头一点。他太太是家庭主妇，育有三个孩子。他每天很早就到公司，很晚才离开。每天必做的功课之一就是算算自己什么时候能拿到足够的退休金和养老金，从此过上不为五斗米折腰的日子。可是，就在他高兴地向同事们宣布：我只要再干五年就可以退休回家享清福了。不久的一个清晨，同事们发现他倒在办公桌的桌下，因心脏病突发去世。乔治最终没有享受到他盼望已久的退休生活。

小王

小王毕业于国内最顶尖的大学，留学到美学的是化学，读博士的时候，发现 IT 行业如火如荼。于是攻读化学博士的同时，也拿下计算机硕士的课程。硕士学位一拿到就找到一份数据库管理员的工作。按说，他算是幸运的，有了一份好工作，应该好好享受一下生活。

可是心高气傲的他岂能像我等平庸之辈安心于一份平凡的岗位？他不仅在工作岗位上努力工作，把家也变成了计算机网络中心。希望通过自己的努力和聪明才智干出一番大事业。然而，命运弄人，一年秋天，体检后发现自己已到胃癌晚期。其实之前他就常常感到胃痛，但总是把时间用在工作上，没有及时就医。当得知自己无可救药时，对生的强烈渴望让他病不择药。只要有可能给他带来生还希望的任何实验性药品，他都愿意尝试。

医生们都为他感到惋惜。但是，人常常就是到了某个地步，才能幡然醒悟：原来生命是如此脆弱和珍贵。皮之不存毛将焉附？没有了生命，那还有什么辉煌的事业？

小王在与病魔抗争了一年后，离开了我们。他走前，回了趟中国老家。与家人们共度了生命的最后时光。

扎维亚

扎维亚是我从未见过面的一位同事，我们每天都是通过电话会议交谈和工作。当时我在南加州公司总部，他在德国分部。他其实是一个财务总监，曾经参与了公司财务系统全部的数据仓库设计工作。因此他的 IT 技术能力不在任何 IT 专业人员之下。

我们因为要更新数据仓库系统。故必须要和最初参与老系统的设计人员保持合作与沟通。扎维亚是仍留在公司不多的老设计人员之一。虽然与扎维亚从未谋面，但他对工作的热情和热爱通过电波都能感受到。无论你什么时候给他打电话，他都是热情洋溢地回答你的任何问题。

记得有一次他休假，他把自己的手机号给我们。我们都不好意思打电话问他问题，可是有一次，有个问题急需要他的指点，我们无奈只能拨通他的手机。当时他正在旅游公车上，信号不好。他很抱歉地说：我马上下车，给你们拨过去。两分钟后，真的接到他的电话。电话那头，他还一个劲儿地说对不起。其实对不起的应该是我们。休假是完全可以拒绝工作的。

与扎维亚一起工作期间，我开始反思自己的工作态度和动机。如果说，我的工作动机只是为了养家糊口，工作态度自然就是做一份事拿一份钱，得过且过了。那我永远不会像扎维亚那样真正享受到工作带来的乐趣和成就感。

扎维亚的工作态度和热情深深感染了我，也激励我开始随后几年追梦的人生。

回首北美职场路，我深深感恩在路途中遇到的每一个人、做过的每一件事，他们推动我成长、反思和进步。让我的人生因为遇到他们而丰富多彩。

观潮人

　　他手里拿着一瓶冰镇矿泉水站在距离人群几米远的小树下。小树的阴影像一把伞为他遮挡了八月正午的阳光。他微微仰头望着碧空如洗的蓝天，嘴角露出了一丝浅浅的笑。在美国生活了近二十年，他依然被这纯正的蓝色感动。这透明不夹任何杂色的蓝给他的心带来难以言表的平安感觉。眯着眼睛看了会天，再把视线转向人群。他看到人群像潮汐似的从公司大楼里涌出。空旷宽大的草坪被涌出的人群占据，骤然间显得有些拥挤。激烈的音乐从搭设在各处的音箱中传出。喧嚣繁华的场景让人感觉有一种刻意的氛围，仿佛一个已经没落的大家族死撑着面子摆的最后一场欢宴。

　　工作了十多年的这家大型汽车公司在经历了八十多年的沧桑岁月后，不仅面临着年年亏损的局面更面临着来自亚洲同行业的激烈竞争。在经历了近一年的调整和转化后终于在一个月前被一家投资公司收购。尘埃落定后的庆祝让人感到的不是轻松而是任重道远。十二点整，一个浑厚的男中音通过四周音箱以激昂欢快的语调向全体员工致词。主席台不对着他，看不到台上的人物。好在有大屏幕，台上说话人的脸部细节尽收眼底。大屏幕上的前 CEO 现降为副职的 Chairman 正热烈的介绍着新上任的 CEO，脸上无一丝落魄或怅然。美国三大汽车公司他工作过两家，两家的高层领导都是仪表堂堂，能面对媒体和公众表情自然侃侃而谈。于是他得出推断：美国大型公司的高层主管如同政府高级官员，皆具演员和演说家的才能。新任的 CEO 有着刚毅的眼神。据说，他在过去两年多时间内让一家频临破产的大公司起死回生，利润翻了两番。创造了美国商界神话。

　　公司希望通过这个铁腕人物的加盟再创曾经的辉煌。他望着这个有着坚毅眼神近六十岁的健硕男人，不知他几天前的中国之行收获如何。一想到中国，好友强的脸就出现在眼前。有几个月没收到他的电子邮件了，想必一定很忙。五年前已经四十岁的强抛开在北美开创的一片天地，执拗地携妻带子回国创业。刚回去的一年里，几乎每个星期都给他发一封长长的电邮。电邮充满了创业的激情和欢愉。让他想起二十多岁的强和自己。那时候他们青春年少有无数的梦想要实现。他们也的确是同龄人里的骄骄者。上名牌大学，读研究生，出国深造，所有浪尖上的事他们都赶上了。称他们为成功的赶潮人一点也不过分。只是当所有的梦想都得以实现后，他的心灵却有着异常空虚的感觉。

　　一切都是虚空，都是捕风，

　　在日光之下毫无益处。

　　一代过去，一代又来，

　　地却永远存在。

　　就在这个时候，他遇见了老宣教士埃瑞克先生。在陪伴埃瑞克走过人生最后时光的那段日子里，埃瑞克生命的光辉照亮了他黑暗空虚的灵魂。他找到了属于自己的精神家园，学会了品尝平淡如水的生活真味道。他欣赏四季的变化。他感恩每一天太阳的升起和落下。平淡的生活里他有了从未有过的充实。

　　强依旧追逐着风头浪尖。记得强回国不久给他发来的一封电邮。信中描述了中国汽车工业勃勃生机和辽阔远景，信末写道：任凡，我的老友，回来吧！只有在中国的土地上我们才可能大有作为。每天忙碌的工作让我感觉到生命的第二个春天又来临了。看了信，他为强感到高兴，但没有跟随强回国。他已经寻找到了生命的至宝。他相信：一掌盛满安宁，胜过两手抓满劳碌捕风。

　　渐渐地，强的信少了。来信的语气也从高亢兴奋转向疲乏低调。信里越来越多地提及他们在美国共同度过的宁静日子。他知道强缺少的是什么，却又无能为力。每个人精神轨迹如同生命轨迹，有自我的方向和行程。

草场上突然掌声雷动。一蓝色的巨型条幅从天而降。条幅上印着 GET READY FOR THE NEXT 100 YEARS （为下一个百年作准备）。几个空中飞人开始表演。他们的身影投射在高楼的大玻璃窗上像一只只被牵著的鸟，机械而缓慢的飞舞。他的眼光又扫向那个条幅。一句熟悉的话语出现脑际。一百年太久，只争朝夕。

朝夕间万事万物自有其发展的规律。百年后的事谁能预知。热闹的庆祝，像空中怒放的烟花，转瞬即逝。百年后又有谁能记住今天？记住这条幅上的豪言？

他希望自己能记住。记住潮汐涨落时的进与退。记住观潮时的冷静与思索。他抬手看了一下手表。日历表上显示出：8/6/2007。

加州不是我的天堂

很早以前就听人说：加州是一个一年四季都阳光明媚的地方。更有人向我宣称道：加州是人间天堂。对于我这样一个一直生活在四季分明环境中的人，很难想象一个地方阳光永远地照耀着。如果真有一个地方每天都阳光灿烂，那当然一定如同天堂。

由于工作的缘故，我有机会来到南加州。的确如人所说：加州的每一天都充满阳光。在经历了日复一日的阳光沐浴后，我的心却在阳光中开始渴望下雨。渴望听到雨打芭蕉的淅沥声，渴望闻到经历雨水洗涤后的大地的芬芳。当我小心翼翼地把这个想法说给当地的一位同事后，他瞪着一双看外星人的眼睛反问道："为什么要下雨？"紧接着又说了句："我恨下雨!"我马上意识到自己犯了一个严重的错误。

因为有了这个经验，我埋藏起心中的渴望，不再在他人面前提起。而每逢碰到当地人问我："喜欢我们加州吗？"

我都会礼貌地回答："喜欢，加州是一个度假的好地方。"

的确，加州对我来说是一个度假胜地，却非长居之地。我不能想象自己如何生活在一个没有四季变化的地方。可这份情怀却无法与人诉说，直到在一次聚会中偶然碰到一位来自加拿大的女博士，因为都有在加拿大居住的经历，我们的交谈开始变得随意，当她问我喜不喜欢加州，我诚实地答道："喜欢，可我更喜欢居住在四季分明的地方。"她听后如遇知音般地点头称是。

原来她也和我有着同样的情怀，同样不被当地人理解的经历。她说："我都不敢跟人说不喜欢每天的阳光灿烂， 别人听后看你的眼光好象你有病。"

是啊，对那些见到天空偶然飘浮着几朵乌云就会抱怨的人，你是无法与之谈论风雨和四季变化。因为他们无法理解其中的的妙处。就如同人生，一个一生都处于顺境中的人是无法感受在逆境中成长的人的喜乐和收获。

为了一年四季永远不变的阳光，让我失去树梢渐绿的春日、失去满目金黄的秋日、失去白雪飘飘的冬日，于我是无法想象的损失。

加州或许会成为我体弱得再也经不起风雪考验，年迈到不再盼望春秋冬夏的人生暮年时的天堂，却不是今天依然还年轻的我的天堂之地。

我的天堂是在那四季分明的地方。

Brother Lee

2006 年 4 月 3 日是一个普通而平凡的日子。我和大多数人一样开始了新一周的朝 9 晚 6 的上班族生活。可就在要下班的时候发生了一件事情让这单调得有点漫长的一天成为我生命中难忘的日子。

4 月 3 日快下班的时候，一个高大魁梧的身躯出现在我办公桌前，我抬头一看是公司的清洁工 Lee."Hi Brother Lee, 好久不见，一切可好？" 我礼貌地打着哈哈。站在面前的 Lee 回应了我，却又有欲言又止的表情。我礼貌地请他坐下问他有什么事需要帮助。他禁不好意思的搓起双手微笑着说："你上次告诉我 4 月份是你的生日，我不知是哪一天。今天是 4 月的第一个工作日，我把给你的礼物带来了，不知你喜不喜欢……"

我的思绪一下回到了一个多月前的下午，Lee 满脸不安的来到我的桌前对我说："Sister Li, 我来向你告别，从明天开始我就不能上来为你们打扫了。" 我以为他被 Lay off 了，赶紧询问发生了什么。Lee 告诉我，他为我们打扫是帮助另一个同事，但他的上司认为他的工作太多，故又请了另外的人来作这份活。我听了松了一口气。"原来是好事，你可以少干活了。" 我打趣道。可 Lee 听后却一脸严肃地说："我喜欢这份活，你的微笑让我每天都很开心。可从明天起，我就不能上来了。能告诉我你什么时候生日吗？" 我被他的问题问住了，"我的生日与你走有什么关系呢？" 我心里纳闷道。但他的表情如此认真，为了不扫他的兴，便说了四月。没想到他竟如此认真。

回想第一次见他时，他满头大汗吃力地弯腰拣掉在地上的东西，我正好经过便随手帮了一个忙。以后见面便如老朋友一样微笑打招呼。当他发现我的名字和他的名字读音相同时，更是喜出望外，每每见我便呼 Sister Li（莉姐妹）．

"你喜欢我的礼物吗？你觉得有用吗？" Brother Lee 的问话把我带回了现实。望着他递给我的礼物 --- 一堆厚厚的他认为会对我工作有用的资料，我发自肺腑地对他说："谢谢你，Brother Lee, 我很喜欢，它们也很有用。" Brother Lee 听后，黑黑的布满皱纹的脸上绽放出孩子般得意的微笑。

"那好，我走了。生日快乐！"。

望着他离去的背影，我的心里有一种非常温暖的感觉。我忽然感悟到：在繁忙的现代生活里，一声真诚的谢谢，一个甜蜜的微笑，一句鼓励的话语能跨越国界，跨越种族，跨越心墙将友爱的种子播撒在人的心田。这个世界是一个人情冷漠的世界还是一个充满爱的世界取决于我们每一个人的选择。我们播种冷漠，我们便收获冷漠。我们播种爱，我们便拥有一个爱的世界。

行走天下

品味城市

  我喜欢城市， 喜欢品味城市间不同的味道。 城市于我仿佛人一般， 各有自己的风格特色和气质。八月，我拜访了美国东部两大城市波士顿和纽约，这两座各具特色的城市让我流连忘返。

  波士顿虽然是美国最古老的城市之一，然而走进它，却嗅不出任何暮气沉沉的味道。蜿蜒流淌在城市中心的查尔斯河以及河边的垂柳赋了了波上顿 种逶迤的轻柔之美。从河边奔跑着的无数男女老少的身影中，我感受到的是波士顿的勃勃生机。然而走在它铺着红砖的自由之路上，我仍可感受到历史赋予这座城市的厚重感。 街边随处可见的人物雕塑以及道路两旁耸立着的古老建筑也都在向人们述说着这里曾经发生的故事。波士顿的确是一座有历史感的城市。从商业大街上的鲜花水果摊到哈佛校园的咖啡屋，我嗅到的是弥漫在这座城市上空浓郁的文化气息。在这里， 最适合与人讨论的话题似乎就应该是哲学，文学和古典音乐。如果用人来代表一座城市，那么波士顿让我想到的就是电影<<罗马假日>>的公主扮演者奥黛里•赫本——高贵、典雅、知性又不失亲切感。

  在去纽约之前， 就听到有关它的各种评语。 最瞩目的评语就是：如果你爱一个人，你就把他（她）送到纽约， 因为它是人间天堂。如果你恨一个人，你就把他（她）送到纽约，因为它是人间地狱。但我在这座被称为地狱和天堂的城市里，品出的却是别样的味道。

  从时代广场的喧嚣人群到中央公园的绿色草坪，从自由岛的自由女神像到9．11的纪念馆， 纽约展现出来的就是一座世界顶级城市的大气与繁华。纽约是坦荡的，它的好与坏都一览无余地呈现在你面前。在夹杂着尿臊气的又闷又热的地铁站里，却能欣赏到有着专业水准的歌剧演唱。如此不合谐的场景搭配在纽约似乎是生活的常态， 人们匆忙的身影显示了对万事见怪不怪的包容。而座落在寸土寸金的城市中心的许多街心花园以及散放在路旁的桌椅又让人感受到这座城市内在的人文关怀。我想最能代表这座城市形象的人物非玛丽莲·梦露莫属。纽约性感、时尚、热烈又单纯。

我欣赏波士顿也喜爱纽约。它们给我的美感就如奥黛里·赫本和玛丽莲·梦露。各有千秋，无法取代。美国或许正是因为拥有着这样有味道的城市和让人无法忘怀的巨星们才能成为今日世界的中心，世人又爱又恨的国家。

人间仙境——羊角村

定意要去荷兰的羊角村看看，只因在网上看了几张它的照片。照片上美丽的景色让我产生了一见倾心的感觉。然而真到了荷兰阿姆斯特丹，问出租司机和酒店经理：羊角村（Giethoorn）风景如何？他们居然一脸茫然，没听说过这个地方。

老公开始嘀咕："你看当地人都不知道的地方，我估计不会太好。网上的照片你也不要太轻信。"

但我坚持己见，千里迢迢到了离村不远的地方，轻言放弃，岂不可惜？好歹也要去瞄一眼。

羊角村位於荷兰西北方 Overijssel 省，De Wieden 自然保護區内。距离阿姆斯特丹 121 公里。不过火车不能直达羊角村，必须在一个叫 Steenwijk 的小站下车。我们一下火车，就看见一个牌子，上面用汉语写着：欢迎你们到羊角村旅行。有自行车出租。字的上方还有一张大照片，照片上是一群年轻的中国学生骑着自行车欢笑的身影。我们一家人一下就乐了，敢情回到荷兰的中国了。这时，一个五十多岁、脸色红润的白人男子笑容可鞠地迎向我们，用不太流利的英文问我们：你们是去羊角村吗？

我说：是。

他说：那你们需要买 70 路公车票。

因为事先做足了功课，知道必须再坐半小时汽车才能抵达村口。于是随他进得火车站内，站内有个小店，男人对着店里的一位中年妇女说："给他们三张车票。"转头又对我说："三十欧元"。交了钱，拿了车票。等车时，和他们闲聊才知他们是夫妻。共同经营这个小店的。生意主要是出租自行车和卖些当地旅行纪念品，以及代售公共汽车票。当老公发现他们有电动自行车出租时，就兴兴头地想要租车，可我们随身带的三箱子行李没法拿。夫妻俩还挺活络，问我们住那家旅店。男老板看了一眼我们旅店名字，马上就说："我知道这家店，离羊角村公交车站还有半小时的路程，你们坐车还真不行。干脆租了自行车，自己骑过去，从小路走也就过 45 分钟左右。我帮你们将行李送到旅店。"

于是，我们把车票退了，改租电动自行车。老公和女儿按照男老板画出的线路图骑车到旅店，我则随着行李坐车到旅店。

坐在老板小小的货车里，这才有机会仔细打量一下身旁的这位荷兰男人。这一端详就让我联想起梵高的"吃土豆的人"那幅画。他有着一张类似梵高笔下荷兰农民的脸，嘴巴有些外突，只是脸上没有画中农民的悲苦表情。难怪，刚才见到他和他太太有种似曾相识的感觉。

老板英文虽然不很流利，但却挺健谈。一边开车一边向我介绍羊角村。从他那儿，我得知：他是地地道道的羊角村人。因为做生意搬到了靠近火车站的小镇居住。他们村以前挺穷的，地低土壤又平瘠。过去，他的祖辈们必须靠挖地下的泥煤块出售才能维持生计。

因为每家人都挖门前的地，慢慢就形成了村庄里一条条沟渠。而这些沟渠现在则成了外人眼中的风景。也为羊角村赢得了"荷兰的威尼斯"美称。

他还告诉我：过去村里家家户户都有来往。彼此之间用物换物。比如：养牛的就拿牛奶与种菜的人换菜。后来村子出了名，地价涨了。有些村民包括他在内，就卖了房和地，搬到镇上住，在镇上再做一些小生意。

我问：那现在村里除了原住民外，都是些什么人住呢？

他说：有钱人呀。比如：医生、律师等等。

说话间，我们就到了村口。他说，我带你先小转一下，很多地方是不能开车的，你先感受一下。他停了车，和迎面走过来的一位老人打招呼。老人文质彬彬像个学者，很有礼貌地和我握手打招呼。我跟着他们走了几步，就被眼前的景色惊呆了，太美了！一叶扁舟停泊在水的这边，水的那边是掩映在花丛中的小屋，有粉砖也有白墙的，屋顶却是一律黑色像草似的东西。一问才知：那是当地盛产的芦苇编织的，比一般的瓦耐用，而且冬暖夏凉、防雨耐晒。因为雨季水量很大，为了便于排水，所以房顶都做得很陡峭。小村很安静，花草树木和房屋倒映在水中，如诗如画，似仙境。绝非一个美字了得。

当我和老公女儿再相聚时，父女俩都兴奋得不得了。大赞我把他们领进了一个人间仙境。

羊角村的美，其实很难用言语描绘。无论是清晨还是夕阳西下，它都是那样静静的，一副不食人间烟火的味道。无论是骑车在小道上还是坐船在水中行，只要四顾张望，映入眼帘的就是一幅美丽的小桥流水风景画。最让人感动的是；这样美的地方，没有一点商业炒作痕迹。村中有一个甜品店，很简单的装潢，就卖些冰淇淋、咖啡。我们住的私人旅店本身就有精美的当地食物供应。

村里只有自行车和船两种交通工具。空气特别清新。随处闲逛也没碰上几个人。倒是见到一些黑色的羊和牛。

对着静谧如画的风景，我真想大叫一声："人都上哪儿去了？"转念一想：不对啊，这不是人间，是仙境呀。我们不过是误如仙境的凡人，怎可惊扰仙人们？偷偷看几眼，美美享受一会儿，悄悄离去才是正事。

或许有一天，还有机会再入仙境。我衷心期盼着。

艺术殿堂

原计划在佛罗伦萨逗留一天半的时间，可当我穿街走巷来到圣母花大教堂后，我被眼前的气势恢弘和华丽庄严惊呆了。当即取消赶往下一个城市的计划，决意要在佛罗伦萨多住一天。

佛罗伦萨的城区不大，分为老城区和新城区。蜿蜒清澈的阿诺河在市区内静静地流淌。佛罗伦萨大多数知名的景点都集中在北岸。一踏上阿诺河上建造于 14 世纪的老桥，就进入到一个金光闪闪光芒四射的首饰之国。鳞次栉比的首饰店让人大饱眼福。原来小小的首饰也可以做到如此的完美，让人心醉神迷。店主们脸上的微笑有别于其它商业城市的店主们。 他们的笑容如同这座城市不张扬不夸张，淡淡地等待着缘分中的知音光临。

一向不大喜欢宫殿和寺庙的我，居然在座落于阿诺河南岸的皮蒂宫里消磨了大半天时间， 而且意犹未尽。个中缘由不得不归功于宫内大大小小不同材质的艺术佳品，以及宫殿里的园林设计。样样件件让我这个艺术的门外汉也能留连忘返。

这或许就是佛罗伦萨的魅力所在。仿佛一个女子，你一眼望去并不打眼，靠近之后，发现五官精致，攀谈之后完全迷倒。她的内涵和丰富让你不得不拜倒在她的石榴裙下。

的确，在这块文艺复兴的发源地上，在这座孕育了无数世界级的艺术家、文学家、天文学家、音乐家，建筑家、政治家、银行家的城市里，我们才能真正领略到天有多高！

然而，佛罗伦萨最让人感动却是她的幽雅恬静。这是一座能让你慢下脚步的城市，也是一座能让你深思的城市。无论你处在城市的那个地方，环顾四周，都能发现让你眼睛一亮的雕刻和建筑。整座城市仿佛就是无数有名和无名的伟大的艺术家们雕刻出来的。即使是一户普通人家的大门，你都能品味到一个艺术家的专注与精细。

当我听说艺术家洛伦佐·吉贝尔蒂花了 27 年的时间，去完成圣母花大教堂东门镀金青铜门的设计雕刻时，我以为那是一个传奇。到了佛罗伦萨，看了许多艺术家的作品后，我相信这是那一代艺术家们的态度和精神。

反观现代城市，人们求新、求变、求效率。高楼大厦平地起，艺术群雕随处见。城市建设的高效率仿佛罗马也可以一天建成。然而，我们真的为这个世界带来了更多、更美、更精致的艺术佳品了吗？

佛罗伦萨——这座犹如艺术宫殿般的城市告诉我：放慢脚步，静下心来。千万不要急功近利。要细嚼慢咽生活的点点滴滴，将那些曾经滋养过你生命，带给你灵魂安慰的东西以你自己的方式分享与众。

永恒与短暂的区别，不在于规模和名声的大小，而在于内涵和精神的多寡。

费城印记

　　费城不是我梦寐以求要拜访的都市。然而我却意外地在这座城市逗留了五天之久。有着美国历史名城美誉的费城，其风头如今显然已被邻近的几座都市如华盛顿 DC，波士顿以及纽约所遮掩。

　　进入这座城市已近子夜，车在狭窄而起伏的街区穿行，没有都市的喧嚣与繁华，仿佛置身于山林间。这个都市给我的第一形象是沉静的。次日坐在城市的火车里，听到一中年男乘务员对其同事说道："Today is the last day of revolution"（今天是革命的最后一日）我不清楚他所提的革命是指什么，然而内心忍不住叹道："费城真不愧是美国革命之都！"在普通人的对话里居然轻飘飘就冒出了这样一个很激情的大词"革命"。由革命联想到了美国的独立宣言，想必这座城市一定有着别样的风景等著我的到来。

　　果然，在秋风细雨暮色苍茫中，从国家独立历史公园中央传来阵阵呼喊声。难道"占领华尔街"的示威抗议还在这个城市上演？仔细听又感觉像是和尚念经，好奇心把我引领到声源处才发现有二十几个看似藏民的人抗著美国国旗以及有着雪山狮子图案大旗的人群手捧蜡烛，在印有"Free Tibet"条幅后吟唱。几个六七岁的孩童满脸笑容地向零星走过的路人散发著传单。我不懂藏语，不知他们吟唱的是什么。只觉得在这个凄冷的雨夜，这样的声音让人有些毛骨耸然。老公发现示威人群中有一个抗著旗帜的美国白人就上前攀谈，问他："你为什么参加这个活动？"答曰："支持他们独立！"在深入对话后才发现其实他对西藏的历史一无所知，只是被人叫来凑热闹。而另一个记者模样的美国人则举著专业相机对著人群猛按散光灯，不觉感叹："原来新闻就是这样制作的。"想起白日在市中心，有多于这个人群一倍的学生抗议队伍，他们为教育改革发出的震天呐喊似乎没有让一个匆忙的脚步停驻，更没有吸引任何一个照相机的镜头。我以为在费城这样的抗议示威太平常，所以无人关注。那个傍晚让我知道美国人的镜头还是很有选择性的。

第三日被 CNN 的及时新闻吸引，酒店大屏幕电视机不断播放著部分利比亚人民庆祝他们前任领袖卡扎菲被杀的欢乐画面，以及美国政府与各媒体对此的反应。对于我这个不关心政治的人来说，在费城看到这场在利比亚持续了八个月之久的内战终于以卡扎菲的被杀而谢下帷幕，内心有了一番特别的冲击。

在回程的飞机上，我俯瞰这座百年古都，心中留下深深印记的居然不是该城著名的历史古迹和精美园艺，而是卡扎菲鲜血流淌的脸和利比亚狂欢的人群。在我看来：一个生命在眼前消失，无论他曾经犯下过如何滔天大罪，生命的尊严是不容践踏的。这个世界需要消灭的是独裁而非生命。靠著外来力量革了自家人的命而取得的胜利并非真正意义上的胜利，过早的狂欢显露的只是幼稚和肤浅。利比亚人民要像百年前的美国人民那样走向真正独立，民主和自由的道路可能并不会因为卡扎菲的离世而一马平川。革命毕竟是一种短暂的激情和暴力，而民主和自由需要的是包容和理性。

欧行杂记

自从两年前去了趟南欧，我就喜欢上了那片神奇的土地。无论是它的自然景色还是人文艺术，都值得花时间去慢慢欣赏。这不，今年春天得空，一家人就毫不迟疑地飞往欧洲。重点虽是北欧，但也拜访了荷兰和德国。一路行来，旅途匆匆，还是有百闻不如一见的感触。

德国 —汉堡

从荷兰的羊角村坐火车到德国的汉堡，一走出汉堡的火车站，感觉就是从天上坠入人间。汉堡市区夜幕下熙熙攘攘的人群中，很多人是一手夹着烟，一手拎着啤酒瓶。让人一下就感受到啤酒之国的酒味之烈。酒店的大厅也设有酒吧。吧台前的酒君子们的豪饮让我感觉：他们饮的不是酒而是水。不过也是，酒与水的价格好像差不多。

在汉堡的街头豪车无数，大多是德国产的品牌车。出租车更是以奔驰为主打。后来，在北欧其他国家才发现，奔驰主要就是为了做出租用的。哈哈，让我这个买不起奔驰的人，在德国和北欧数城好好地过了一把奔驰瘾。

网上说，汉堡是德国最美的城市。去了一看，其实一般。问德国当地人，他们说德国最美的城市应该有三个。一是柏林，二是慕尼黑，三是汉堡。三个中谁最美，那就因人而异了。汉堡人大多认为汉堡最美。仔细看来，汉堡城的美主要是因为市区内有一个阿尔斯特湖（Alstersee）的缘故，有水的城市，就像女人著了迤地长裙，总有几分飘逸的韵味。

汉堡总体来说，没有什么特色，就是一个十分现代化的都市。但它的啤酒和香肠还是值得一尝。另外，汉堡有很多来自中东以及土耳其的难民，所以中东餐馆很多，味道也相当不错。火车站附近也有几家中餐馆，价格有些贵，但不离谱。与北欧其它城市相比，汉堡应该算是一个住、行、食都蛮实惠的城市。

瑞典--斯德哥尔摩

到斯德哥尔摩的那天，正好碰上下雨。整个城市濒临波罗的海，梅拉伦湖入海处，风景极其秀丽。细雨蒙蒙中的斯德哥尔摩很有点雾中看花的韵味。

斯德哥尔摩的老城最让我流连忘返。它的历史可追溯至 13 世纪，城内有中世纪小巷、圆石铺就的街道和古式的建筑，建筑的墙体大多为杏黄色，很有皇家的味道。

老城附近的主要景点有王宫、斯德哥尔摩大教堂、诺贝尔博物馆和骑士教堂。看累了这些景点，一定要去古城的咖啡馆坐坐。咖啡馆里有咖啡也有茶卖。选一个临街的位置，点一曲瑞典人民最引以为傲的 Abba 乐队的名曲"Fernando"，在曼妙的乐曲声中，慢慢地地品味手中的热饮，欣赏窗外古老的街景。恍忽间，会有穿越时光的感觉。或许你也会像我一样，在那一刻，忘记了自己是谁，来自何方？

爱莎尼亚—塔林

要不是这次旅行，我还真不知有塔林这个城市。以前爱莎尼亚是属于苏联的一部分，小小的塔林城自然就名不见经传了。自从 1991 年独立成新国家后，塔林就成了首府。这个濒临波罗的海的小城很安静，新城区如同其它现代化城市一样，高楼大厦林立，没太多的特色。

然而老城却别有洞天。画家们在古老的城墙下陈列着他们的画作，而他们旁若无人地埋首他们的创作。并不在意路人对于画的态度，有一股好画不怕没人买的傲气。

塔林的老城给我的第一感觉就是进入到了一个童话世界。鹅卵石铺就的道路，青苔斑斑。洋葱头的古老教堂，钟声悠扬。古老的建筑物上都带着红色或橘色的圆锥形屋顶，尖尖的屋顶直插天宇。红蓝相配，美不胜收。

正当我沉醉于如此静谧的童话般美景时，两匹黑色的骏马拖着一辆古色古香的马车从身旁急驶而过，赶马车的姑娘一袭黑袍端坐车头，冷艳沉着。抛下有点恍惚的我，独站街头。塔林古城美景就这样印刻在我记忆里。

俄罗斯--圣彼得堡

去圣彼得堡之前，就有朋友提醒：俄罗斯人比较冷漠，别指望你问路会有热心人指点。鉴于此，上了游轮我们就买了圣彼得堡一日游的旅行团票。登岸圣彼得堡前，游轮的工作人员把大家召集一堂，告知大家登陆后的注意事项。主要精神就是，圣彼得堡是一个有别于其它欧洲城市的城市。首先必须要落地签证。俄罗斯签证官很严肃，不会对你微笑服务， 把所有的旅行材料都准备好，免得节外生枝。其次是跟好你的导游，不要私自行动。这样的叮嘱：让人感到俄罗斯人在其它欧洲人眼里还是一个异类。

虽然是第一次光顾圣彼得堡，但对于我们来说它还是一个承载着许多记忆的城市。苏联时期，它的名字叫列宁格勒——一个伟大的革命圣地。列宁在十月、列宁格勒保卫战提供了我们对这座城市的最初印象。

如今，走出战火硝烟的圣彼得堡展现在我们面前的是它深厚的文化艺术气质。在市中心的历史建筑，大部分是 18 和 19 世纪的巴洛克和新古典主义建筑。

只有站在金碧辉煌的滴血大教堂前才真正感受到圣彼得堡与周

边欧洲城市文化宗教的差异。

滴血大教堂是纯俄罗斯风格建筑，建于 1883 年-1907 年。其蓝本就是莫斯科红场上的瓦西里升天大教堂。1881 年 3 月 1 日亚历山大二世（Tsar Alexander II）在此地遇刺身亡，这座教堂就是为了纪念他而建造。滴血大教堂轮廓美丽，装饰花花绿绿，镶嵌有复杂、颜色艳丽的影像图案，用丰富的彩色图案瓷砖、搪瓷青铜板装饰，教堂顶部还立着五光十色的洋葱头顶。体现了俄国十六和十七世纪的典型的东正教教堂建筑风格。

圣彼得堡绝对不是一天两天便能看完的城市，它蕴藏了太多的文化历史瑰宝。它的冬宫夏宫，它的剧院图书馆，它的悠悠流淌的涅瓦河，样样件件都值得细嚼慢咽。这一次短暂的相见，让我确信，我还会再次光顾圣彼得堡。

芬兰--赫尔辛基

芬兰好像在国际历史舞台上，一直是一个默默无闻的国家。要不是乘坐了波罗的海游轮，我真有可能一辈子都不会想到走进芬兰首都赫尔辛基这座城市。

游轮上娱乐主持人就是芬兰人。他说：芬兰人最崇尚简洁的生活方式。果然，到了赫尔辛基，看到他们最有名的白色教堂，其简洁与朴素真是有点出人意外。从建筑结构上，就一下体会到了这一点。

然而，这座城市的富裕与现代，也在精品林立的商店中，在花团锦簇的街道上，在穿着考究精致的行人身上以及奔驰宝马高档出租车上悄然流露。在赫尔辛基码头边著名的 Fish Market，我们用嘴品尝了这座城市独有的味道--驯鹿肉丸，木瓜牛奶三文鱼汤还有脆香至极的烤小鱼干。

据说盛产驯鹿的芬兰也是圣诞老人 Santa Claus 的故乡。老人的故乡让我明白了什么是真正的低调奢华有内涵。

丹麦—哥本哈根

一个国家因为一个文人而蜚声国际的大概就是丹麦了。安徒生的童话故事滋养着全世界少儿们的精神世界。到哥本哈根去看海的女儿雕像成了许多安徒生粉丝们的梦想。我和女儿也不例外。位于丹麦哥本哈根长堤公园（Langelinie）的港口岩石上的海的女儿雕像，看上去一点也不壮观。据说这个小小的雕塑在一百年间经历了数次砍头断臂以及被涂花脸的厄运。然而，不壮观不起眼的小小美人鱼雕塑传递出的是一个民族"士可屈，不可辱"的坚忍精神。

哥本哈根除了美人鱼外，还有一个必须去坐坐的地方 -- 那就是新港。新港也是安徒生居住过的地方。那里的景色犹如美丽的童话世界 -- 缓缓流淌的城市运河里停泊着色彩大小不一的古老帆船，运河的两岸是色彩斑斓的房舍，蓝天白云倒影在清澈的运河水里，很有些疑是河中别有天的宁静深远的韵味。

在新港露天餐馆要一杯丹麦的嘉士伯啤酒，点一些哥本哈根的特色海鲜，品美食赏风景，逍遥自在，物我两忘。人生这样的时刻值得珍惜。

在哥本哈根还学会了一个新名词--碳中和。哥本哈根人的环保意识可能是世界之最。每个市民都自觉地肩负起环保重任。很少有人拥有私人汽车，以自行车代步是市民们的集体意识。到 2025 年实现全城碳中和目标是哥本哈根人的共同目标。

哥本哈根市民的环保精神值得每个国家的公民学习和效仿。

半个多月的一路北上的欧洲行，让我领略到的不止是如画风景，更感受到欧洲文化历史的源远流长。北欧人民的富裕生活不是依仗着老祖宗们遗留下的那点文化艺术遗产，而是靠着他们不断创新不断开发的高科技新技术。

欧洲行让我再一次相信：一个勇于探索，勇于前行，勇于反思的民族才能屹立于世界之林。个体的人有何倘不是如此呢？

古巴印象

又有朋友选择去古巴度假了，回来后，她肤色照例是黝黑了许多，神态却是心满意足。

我问："对古巴的感觉如何？"

她答："好，很好。"

我又问："除了沙滩与海水好以外，还有什么特别的感觉？"

她侧着头想了想，答："有亲切感，仿佛回到中国上世纪 70 年代末。有 种时光倒流的感觉。"

我 2010 年去过古巴，回来后很长一段时间里都很难准确表述出对它最真实的感受。所以，每次有人从古巴回来，我都会问相同的问题，想听听他们对古巴有什么特别的感觉，但答案似乎雷同。

两年前去古巴的时候，我对古巴只有两个认知。一是古巴红糖，那是幼年时最真切的记忆。那个年代，什么东西都要凭票供应。不知我母亲从哪儿搞到几大块方方正正的红糖，非常慎重地把它们放进一个空着的饼干盒里。

一开始，我还以为是什么糕点，拿起一块就想往嘴里塞，被我妈一把抓住小手，告诉我这是糖不是饼。

我问："糖不都是白的吗？"

我妈得意地宣布："这是古巴红糖！"

年幼无知的我啊！费了半天劲，才终于明白这个世界上还有一个国家叫古巴。它和中国是好朋友。它有很多糖， 所以就送给我们一些。古巴就这样在我幼小的心中留下了极其美好的印象。

再年长些， 我又知道古巴除了红糖以外， 还有一位和毛主席一样伟大英明的领导人，他的名字叫卡斯特罗。

就带着这两个认知， 我去了古巴。果然古巴给我的第一感觉就有别于我曾去过的加勒比海其它岛国。

若用人来形容某个国家或城市， 加勒比海的很多岛国给我的感觉就是一群四肢发达、头脑简单、喜欢运动、整天乐呵呵的傻小子。

可古巴不是。他有思想有个性。在那群傻呵呵的小子中，他鹤立鸡群。

很多人都觉得古巴与 1970 年代末的中国很相似。在满大街上的切·格瓦拉的肖像中、在夜晚昏黄的路灯下、 在营业员漫不经心的动作和不卑不亢的态度上， 我的确嗅到了那似曾相似的味道。

然而， 在我的记忆里，1970 年代末的中国更像是一部厚重的黑白大片。长年的清贫生活、供给制以及革命斗争让人们变得格外严肃和不苟言笑。空气中虽然也渐渐有了雨过天晴的清新， 人们还是谨小慎微地呼吸和小心翼翼地行走。唯恐丰富的表情和过多的肢体语言透露出心底里的秘密。

古巴则完全不同。它不是黑白片， 它是有着缤纷色彩的风景画。虽然正经历着与中国曾经相似的清贫和供给制， 但人们的心里似乎没有伤痛的记忆。贫穷也没有影响他们欢快的生活态度。白天， 他们享受海风、沙滩及阳光。夜晚，在雪茄的烟雾中，在朗姆酒的辛辣味里，伴着性感的舞曲，他们扭动身驱热烈起舞。

如今的古巴正处于十字路口。是保有自己独立的精神还是跟随世界的潮流？ 是模仿他人还是自创新路？ 是向左还是向右？ 它欢快的脚步稍稍有点凝重，热烈的舞姿微微有点迟疑。

然而无论古巴将面对多大的挑战， 我都衷心祝福它变得越来越强大、越来越富足、越来越美丽！ 毕竟，它是除祖国以外，第一个赐我甜蜜味道的国家。

坎昆·玛雅遗址

　　很久以前就听说坎昆是个度假胜地，可是想要去的地方太多，所以一直没有将它列入到我的最想去的旅行名单上。

　　今年冬天异乎寻常的寒冷让我在冰雪中朝思暮想的就是要去一个"面朝大海，春暖花开"的地方。坎昆，这个距离家只要三个半小时飞机行程的岛屿自然成了我避寒的首选之地。

　　墨西哥坎昆位于加勒比海北部，尤卡坦半岛东北端海滨，是一座长 21 公里、宽仅 400 米的美丽岛屿。一踏上坎昆的土地，久违了的热浪迎面而来。这个岛上最美的风景海岸线被上百家豪华的酒店占据，每家酒店都是包吃包住包娱乐。美丽的沙滩、清澈的海水、明媚的阳光、优质的服务，件件样样让我仿佛置身在天堂。这也或许是坎昆经年累月吸引着来自世界各地游客的缘由吧。

　　在坎昆除了各大酒店有自己的海滩和娱乐项目外，在距离度假酒店区一个多小时的路程内还有三家主题生态公园。它们都是以 X 打头的，分别是：Xplore 、Xel-ha、 Xcaret。三个公园都以天然美景为基础，开发出独特的吸引游客的娱乐项目。喜欢刺激的年轻人可以选择 Xplore 去越野、 游泳、 滑索道等。喜欢历史考古的朋友可以选择 Xcaret，公园大剧场的歌舞表演，能将你在印第安乐声和淡淡的烟雾中，带回到几千年前玛雅人的世界里。历史故事通过舞台在你面前一一展现。喜欢戏水的孩子们则可以选择 Xel-ha，那里是观鱼和观风景的最佳地方。

　　对于我来说，最让我有所获的，就是亲临了两个只在历史书和画片上看到过的玛雅古城遗址。一个是位于坎昆西南方的奇琴尼察

（Chichen-Itza）古城，古城的中央耸立着著名的库库尔坎金字塔。这座金字塔的设计数据隐含着神秘的天文学涵义，它的底座呈正方形，它的阶梯朝着正北、正南、正东和正西，四周各有 91 层台阶，台阶和阶梯平台的数目分别代表了一年的天数和月数。52 块有雕刻图案的石板象征着玛雅日历中 52 年为一轮回年。

最令人叹为观止的是：每年春分和秋分两天的日落时分，北面一组台阶的边墙会在阳光照射下形成弯弯曲曲的七段等边三角形，连同底部雕刻的蛇头，宛若一条巨蛇从塔顶向大地游动，象征着羽蛇神在春分时苏醒，爬出庙宇。每一次，这个幻象持续整整 3 小时 22 分，分秒不差。这个神秘景观被称为"光影蛇形"。

而在坎昆的南边约 130 公里的海边屹立着另一座名为图伦（Tulum）古城遗址.虽同为玛雅人，但族群不同、时代背景不同，所以信仰也有所不同。但两个不同时代不同族群的玛雅人有着一个巨大的共同点就是：都拥有着超强的天文学知识。居住在图伦古城的玛雅人通过两个面朝大海的小窗口确知春分与秋分时节。

当导游问我们：你们知道玛雅人来自何方吗？大家都面面相觑，我鼓足勇气怯怯地回答："传说是来自亚洲的蒙古人"没想到答案得到当地导游的首肯。他告诉我们说，图伦古城虽建立在海边，而居住在这里的玛雅人却来自于遥远的东方。所以他们建造的庙宇都面向东方，崇尚红色。难怪他们厚实的城墙都用红石建造。

坎昆的高档酒店与玛雅人留下的令人惊叹的文化遗址，很容易让人感觉墨西哥是个富足的人间天堂。事实上，在坎昆到各个旅游点的路上，我看见很多低矮的没有屋顶的院落，一开始以为是正在建造的民居，后来才发现那就是当地人居住的房屋。在旅游景点叫卖着廉价纪念品的成人和孩子们，黝黑、布满风尘的脸上流露出生活的艰辛。

我想：一个国家的富强只靠天的供给和故人遗留下的财产是远远不够的。居住在同样一个美丽的岛屿，来自东方的玛雅人创造过属于他们的辉煌。今天的墨西哥人不知什么时候也能创造出属于自己的光荣与梦想？我期待着。

城市的味道

不知道是不是因为从小就走南闯北，在许多城市与乡镇间往返。出于惯性，长大后我也一直不停地到许多不同的地方去旅行或居住。渐渐地我发现，城市仿佛人一样有各自不同的味道。

有些城市你一走近，就有"他乡遇故知"的感觉。虽然从未在那生活过，可它却给你故乡的感觉--温暖、亲切。有些城市一开始给你非常眩目的感觉，但当你在它的街头巷尾静静观赏，在它的饭店小吃铺慢慢品味时，你会发现它不过是一座金玉其表，败絮其中的城市。

同一座城市给不同的人以不同的感觉。记得年少的时候，兴冲冲地到有着"上有天堂，下有苏杭"美誉的苏州游玩。不知道是期望值过高，还是审美观不够。苏州的大多数园林以及整个城市都给我小家子气的味道。相比之下，杭州要大气许多。而扬州的铺着鹅卵石的小巷却让我禁不住忆起诗人戴望舒的"雨巷"和那个有着丁香一样颜色的姑娘。

第一次强烈感受到城市间有着迥异的味道是在我八岁时。那年我坐了三天火车从成都抵达南京，当三轮车夫载着我和家人行进在南京宽敞的种着高高梧桐树的大街上时，我像一只小狗一样，一下就嗅出了这座城市别样的味道。与成都的小巧、朴实和温暖相比，南京给人的感觉更成熟、稳健和大气。

城市如同人一样有着相似性。比如说，华盛顿 DC 与南京、芝加哥与上海有着极相似的味道。在华盛顿的林肯塑像前，我想起了孙中山。在满是樱花的大道上行走时，我以为自己回到了南京。华盛顿 DC 是让我最想家的城市。

人在不同年龄对城市有着不同的感觉，年轻的时候我特别迷恋大城市的味道。记得第一次到北京，一下就被它的恢弘气势所折服。告诉老公说：这是一座让我愿意离开南京去生活的城市。但今天所有的大型城市个性越来越模糊，给我太多相似的感觉，让我觉得它们越来越没有味道。内心产生了畏大情结。相反，很多中小型城市因保持着它们独特的气质和味道，让我身心向往。南加州的圣地亚哥就是一个典型。依山傍海的地理位置、西班牙风格的建筑以及老城区里冒着热气的玉米饼都让我感受到这座城市特别适合人类居住。

然而，无论一座城市给你如何的感觉和味道，如果你没有亲朋好友在那里，它永远只是你人生的一个观光点，你对于它来说也永远是一个匆匆的游客。而一座没有生机没有味道的城市，因着你的挚爱亲朋在那里居住，它就变成了你的城市。记得十几年前第一次到温莎，在它的大街小巷转了几次后，在心里就决定毕业后一定要离开这个破烂不堪的小城，然而未到毕业我已经将其看作为异国的故乡。四年前离开它时真有着迫不得已的无奈。

所以说城市的味道中最重要的味道就是这座城市里面有没有你最需要的爱与被爱的味道。假如有，这座城市就属于你，它就是你在这个世界上的天堂所在地。

多伦多，有容乃大

在北美众多的城市里，多伦多是我眼里近年来变化最大的一座城市。

18 年前，我初踏上它的土地时，正是秋季。金黄色的枫叶在蓝天下发出耀眼的光，路上的行人还没有空中飞翔着的鸟儿多。离了故土，没了乡音。传说中美丽的多伦多远比不上中国一线城市们的热闹和繁华。整个城市大得有点空旷、静得有点寂寞。

那时，在多伦多生活的大陆同胞还很少。在街上遇到会讲国语的同胞，那简直就是他乡遇故知，激动啊！最初的好友们全是从大街上认识的。

当年，想去中国餐馆打份零工，第一得会广东话，第二得会英文。会说国语就等于什么都不会说。待我一年后要离开多伦多时，发现一家大型超市门口贴出了招聘广告：急需会说国语的收银员。当时我就想：天要变红了。多伦多今后可能会成为中国城。

这个猜测在我随后无数次走亲访友中被证实被肯定。

多伦多在一波又一波的中国技术移民和投资移民的风潮下，渐渐有了人气。有了大城市的喧嚣和节奏。发展的速度远超过我的想象。

生活在那儿的人再也用不着因为只会国语而自卑了。当年只聘用会说广东话的人的饭店老板们也不得不学说普通话了。不懂广东话、不会英文、没关系，只要你有钱、会说一口流利的普通话，多伦多就可以让你居住得游刃有余。

白天喝喝茶，晚上泡泡吧。你想要什么就有什么。各国食品和娱乐项目没有你找不到的、只有你想不到的。多伦多提供的就是多元文化。

过去，我对加拿大的移民开放政策还有点不理解。觉得加拿大政府有点傻，让那么多外国人进来分享免费的医疗和教育设施。过不了多久，还不把自己国家给整穷了。

18 年过去了，加拿大非但没有被新移民们拖垮，反倒因为来自各国的移民们发奋图强，尤其是中国移民们克勤克俭、吃苦耐劳、努力工作，把一个原本有点寂寥的多伦多建设成了一个热热闹闹的国际化大都市。

几个星期前，我再次拜访多伦多，住进市区的酒店里。晚上，站在酒店顶层的露台上，鸟瞰灯火璀璨的多伦多，有点恍然如梦的感觉。

18 年时光荏苒，改变的不仅是人，也改变着一个有着开放胸襟、容纳四方客的城市。

中国人说："有容乃大。"此话极对。无论是国家、城市还是个人，有兼容并蓄的胸怀，强大就是指日可待的事情。

如今，在北美没有一座城市的房价涨得比多伦多猛。它的房价可以与气候宜人的加州媲美，可见今日的多伦多有多牛。

多伦多，我见证了它 18 年的巨变。

罗马，罗马

罗马这个城市的名字，我最初是从两个谚语里得知的。一个是：条条大路通罗马；另一个就是：罗马不是一天建成的。

两个谚语给我的感觉就是罗马是个非同凡响的地方。试想，每条道路都可以通达的地方，那一定是一个圆的中心。有哪一座城市是一天可以建成的呢？可为什么独独用罗马作代表。当然，有这种疑问的时候还很年幼，对谚语的时代背景和寓意不甚了解。但罗马却成了我最早知道的外国城市。

少女时代，我从小说《斯巴达克斯》里读到关于罗马以及角斗士的故事，那时候的罗马给我的感觉是黑暗和血腥的。

后来，我又观看了电影《罗马假日》。影片中的罗马是一个古老温情、充满浪漫的城市。黑暗和血腥对比温情与浪漫，哪一个是罗马最真实的面目呢？一定要去罗马看看的梦想就这样悄然在我心中诞生。

终于有了去欧洲旅行的机会，我毫不迟疑地选择罗马作为踏上欧洲大陆的第一站。一到罗马，放下行李就直奔圆形斗兽场。旅馆到斗兽场步行也就 20 多分钟。

在罗马春日午后的阳光下行走，我的内心激情澎湃，仿佛走在梦想的道路上。一路穿街走巷，我发现罗马人很有智慧。他们保留着古老的建筑，也建设着新的城区。新的建筑无论在造型还是颜色上都与老建筑配合得相得益彰，既不使新的显得突兀，也不让老的流露破败。历史与现代在罗马市区仿佛一对十分相爱的爷孙微笑着并肩站立。

圆形斗兽场内拥满了来自世界各地的游客。几个年轻男子穿着貌似古代角斗士的服装，手里拎着舞台用的刀剑等待着与游客们合影留念，以收取微薄的小费。

罗马角斗士们辛酸的人生已在我心中留下不灭的痕迹，岂是几个装模做样的小孩所能取代的？我不屑地从他们身边昂首走过，对他们脸上挂着的浅薄微笑嗤之以鼻。在千疮百孔的竞技场内，我面壁而立，向心中深藏的英雄默默致哀。有一只黑猫悄无声息地向我走来，它浅绿色的眼睛炯炯有神，它走到我面前稍作停留，然后步态从容地继续前行。据说在斗兽场里居住着几百只猫，唯有这只黑猫敢于在白天出来与游客见面。他该不会是英雄灵魂的化身吧？

与斗兽场的肃穆与庄严相比，西班牙广场就显得欢快和轻松了许多。这个好莱坞大片《罗马假日》的拍摄场景，游人川流不息，广场的台阶上坐满了人。我纳闷：电影里的公主在此游荡的时候不是挺空旷的吗？是电影拍摄时清场了，还是因为有了电影才有了今天的人群？我不知道。但挤进人群，在这个知名的广场台阶上坐一坐，也能感受到美梦成真的喜悦。

本以为在西班牙广场已领略到游人之最。不曾想，到了许愿池才发现要越过人群靠近池边都很困难。看来人们对于自身命运的期盼还是远胜于对于明星的迷恋。

在许愿池附近的冰淇淋店门外，我找了一把椅子坐了下来。望着熙熙攘攘的人群，在飘着花香弥漫着水雾的阳光下，我竟做起了白日梦。梦见北京古老的城墙上，世界上最大的环城公园里，穿梭着来自世界各地的游人。朦胧中，仿佛看见游人眼中流露出的惊奇和艳羡。我忍不住得意地笑啦。

"嘿，一个人坐这儿傻笑什么？快，那边有个空位，赶快去许个愿吧。"手拿冰淇淋的老公把我从白日梦里唤了出来。许个愿？要是能将我的白日梦变成愿望实现了该有多好！

罗马在我眼里就像一位历经沧桑又童心未泯的老人。不管你在他面前演绎什么版本的故事，做什么精灵古怪的梦，它都会为你提供满意的场景。罗马，真是一个让人遐思万千的城市。

走进西西里岛

在这个世界上，总有些地方， 我们从未去过却心生向往。意大利的西西里岛就是这样一个让我向往已久的地方。

终于，这一天盼到了。当我乘坐的邮轮一靠上西西里岛东北端的城市墨西拿（Messina） 港口。我和家人就迫不及待地跳上了岸。艳阳下的墨西拿城安静、 朴实。这里没有高楼大厦，不太宽阔的街道两旁有着不同建筑风格的商店与公寓。在前往市中心的路上， 一些计程车司机不停地走上前来兜售生意——愿做向导。我们在参观完藏有世界上现存最大的天文钟的大钟楼和附近的大教堂后， 就在当地人的指引下，直奔长途汽车站，想赶往距离墨西拿 50 分钟车程的古老小镇——陶尔米娜（Taormina）。

等我们匆匆赶到汽车站，只见小小的汽车站一片混乱。 有五六辆大巴停在那儿。一辆辆问过去，只有一个司机说， 他的车开往陶尔米娜。我们急急地跨上车，才发现车里已坐满了乘客。顾不了许多，我们掏钱就从司机那儿买了票。

可票刚拿到手，就见一位戴着黑色边框近视眼镜、穿着淡蓝色制服的中年女士，满脸怒气地从车站售票处奔向司机。她对着司机哇里哇拉直嚷嚷，司机皱着眉头用手势表达着他的无奈。女士气呼呼地转身离去。几分钟后，一位 60 岁左右、西装笔挺、戴着金丝边眼镜的绅士走上车来， 对我们用英语礼貌地说道："前往陶尔米娜的乘客请下车，这辆车不去陶尔米娜。我们会安排另外一辆车前往。"

我们只好乖乖地下了车，跟着这位像经理的绅士走到汽车站售票处门口，他让所有前往陶尔米娜的游客在那儿等着，宣称几分钟后就会有另一辆巴士过来。然后，他的身影便消失在人群中。我们一群人在那儿等了半个多小时也没见到任何车的影子，进到车站见到那位穿淡蓝色制服的中年女士，问她："车子什么时候到？"

她用不太流畅的英文说："我们正在调度，请再耐心等一会儿。"又过了十几分种，还没见到车影，再进去问，她说："再过几分钟。"

大家都无可奈何地摇头抱怨，算是领教了西西里人的办事效率。几分种后，终于有大巴开来。车子刚停稳，等急了的游客们一拥而上，等大家坐定后才发现司机不见了。有人下车去问情况，得到的答复是："没有司机。"再问："刚才的那位司机呢？"答："那位司机不能开陶尔米娜的线路。你们耐心点儿，再等等！一会儿会有司机过来的。"

天啦，西西里人嘴里的一会儿就是一个多小时。情急之下，我们退了汽车票，跟随其他游客赶往附近的火车站。真是"苍天不负有心人"！20 分钟后，我们坐上了前往陶尔米娜的火车。一路上，我们看见许多依山而建的小楼和院子，还有结满了黄灿灿果实的柠檬树以及许多不知名的花草。房子大多旧旧的，但在花草的掩映下，倒显得很有生机。

火车一停站，映入眼帘的就是一幅极美的风景画，站台的一边是蔚蓝的海洋，另一边是高高的山崖，山崖上有许多石头砌成的灰白色房子，想必那就是陶尔米娜小城。站在铁轨旁，我深深地吸了一口湿润的、带着淡淡花香的空气，之前所有的不满与抱怨都烟消云散。"江山如此多娇，引无数英雄竞折腰"指的大概就是像陶尔米娜这样美景如画的地方吧！

有隐隐的音乐在火车站内轻轻飘荡，有点耳熟，但一时想不起是什么曲目。走出车站，叫了辆计程车，直奔山顶小城。火车站离陶尔米娜也就 20 多分钟的路程，但由于是盘山而上，路也不宽，来来往往的车辆很多，很需要一定的驾车技术。突然间，我对墨西拿汽车站那位女士的认真负责心生感激。司机将车子停在用大小不等的石头砌成的古城墙门口，转头对我们说："你们进去，顺着主道走，走完了再走其他小道。放心，你们不会迷路！两小时后，我到城门口来接你们回火车站。"司机 40 岁左右，土生土长的西西里人，能说一口流利的英文，短短的车程已让我们对他产生了老朋友般亲切的感觉。

走在老城的石砖路上，狭窄的街道两旁是各种装饰美丽的小店。有卖冰淇淋的、有卖纪念品的、有卖当地特产的、有卖艺术品的。每间店面都不大，但都有自己的风格。沿街的很多建筑一看就知道历史久远，斑驳的墙体没有后人粉饰性的涂抹，只在它的墙角或露台上种满五彩缤纷的花朵。凝固的历史在一片娇艳中更见沧桑、更显厚重。

最有趣的是街道的左右两侧不断出现宽窄不等的巷子，有的拾阶而上，有的拾阶而下。最窄的仅一人宽。沿着小巷往里走，或出现一家精致的小饭店，或出现几处石头砌成的民宅。院前院后都花团锦簇。每条巷道都干净得如同用水洗过。行在其间仿佛行在油画中。

两个小时的漫游仿佛只是瞬间。没时间去拜访建于山顶的知名希腊剧场，也没时间去参观建在岩石上的古碉堡。然而，我并不遗憾，因为我知道，我还会再来。这是个值得花时间慢慢欣赏和阅读的地方。

司机如约在城门口等着我们。在回程的路上，我与司机开玩笑地说："你们这儿还有黑手党吗？"他笑着回答："没有啦，黑手党都到纽约去啦！"

他接着问我们："喜欢陶尔米娜吗？"

"太喜欢啦！我们下次还要来。"我兴奋地回答。

司机说："下次来再找我，我带你们去离这儿不远的一个更美丽的小镇卡塔尼雅（Catania），是当年电影《教父》在西西里的主要拍摄场地。你们注意到我们火车站播放的音乐吗？" 被他一问，灵光一闪，对了， 那首有点耳熟的旋律就是《教父》的主题曲 Speak Softly Love（柔声叙说爱）。

司机骄傲地与我们谈起《教父》在陶尔米娜火车站拍摄的小花絮。下车前，他除了递给我们一张名片，还不忘叮嘱一句："别忘了在火车站拍一张照片。"

站在火车的站台上，眺望山崖上的古城， 想起了教父迈克的那句感叹："Why is such a beautiful country so violent？"（为什么这么美丽的国家如此血腥？）那一刻， 我庆幸那些血腥已成为历史。湿润的、带着淡淡花香的空气里依然飘荡着那首让人心醉的旋律：

你把我拥入心怀

听到你的声音温柔

激动的时刻让我激情澎湃

我们在一个世界里

我们自己的世界

分享只有少数人知道的爱

醉人的日子

温暖的太阳这样慷慨

……

再见了， 美丽的西西里岛！愿爱的柔声细语永远在这片美丽的土地上回荡！

双面水城—阿姆斯特丹

或许是出生于江南水乡的缘故，我对有水的城市总是情有独钟。今年五月的欧洲之旅，第一站就选了荷兰的水城阿姆斯特丹。

到了阿姆斯特丹，让我最吃惊的第一感觉就是，满大街骑自行车的人。要不是骑车人大多是金发碧眼，我还以为我们回到了中国。出租司机告诉我们：阿姆斯特丹因为道路狭窄，政府就采用高税和高停车费来限制私人购车。所以，普通老百姓人都骑车上班上学。的确，从机场到市区路上，正值下班高峰期，市区内却没有出现任何塞车现象。

阿姆斯特丹的交通分水陆两种。整个城市的运河道如同半圆形蜘蛛网环绕市中心，运河两岸是许多古老的建筑。据说：这些建筑过去主要是银行、商家的办公楼以及邮轮公司的货仓。每幢建筑靠运河的那一面墙体的屋檐下方，都有几个巨型挂勾。为的是将船上的货物通过挂勾直接从窗户中运进大楼。现在这些建筑大都已被改造成民居。但屋檐下大勾的最初的价值还在被利用。我们坐在运河的船上看见好几家人将船上的家具通过挂钩从窗户中被运进公寓里。阿姆斯特丹人民的聪明才智在这儿可见一斑。

虽然阿姆斯特丹整个城市的艺术感不如其他欧洲城市。比如：罗马、佛罗伦萨等。但街道上来来往往的有轨电车、运河上的一座座铁桥、老码头缓缓驶过的船舶以及热热闹闹的自由市场。整个画面让人感受到这是一个实实在在生机勃勃的古老商城。就连小商小贩都会在你卖了他们的小商品后，出其不意地塞给你一些小回扣。

一次，我卖了两瓶水，付完账后，老板娘突然塞给我几小包旺旺雪饼。开始还有点受宠若惊，后来才发现这是阿姆斯特丹商家特有的经营之道。

阿姆斯特丹女人长得也不像其他欧洲城市的女人那么洋气和娇艳。她们高大健硕，很多女子边骑车边抽烟，一副女汉子的派头。

然而，夜幕下的阿姆斯特丹却是另一番景色。运河上的船只都泊了岸。街面上霓虹灯投影在水面上，随波摇曳。红灯区里人头攒动，看客多于嫖客。 橱窗小姐们风情万千、摆出各种性感状。还时不时与敲门问价的客户们讨价还价。这是我见过最直接最没有廉耻的人肉交易市场。但却是阿姆斯特丹的红灯区最稀疏平常的每日夜景。

推开街边咖啡店厚重的大门，扑鼻而来的不是咖啡的香味，而是浓重的有点呛鼻的烟味—那就是传说中的大麻味。阿姆斯特丹的咖啡店大多不是真正意义上喝咖啡的地方，而是出售大麻和吸食大麻之地。在店里看着身旁客人向店员购买大麻、谈论大麻的纯度，一时间感觉进入到好莱坞拍片现场。有点恍忽。入乡随俗，我们也买了两个掺有大麻的 Muffin. 我咬了一口就觉得有股怪味。老公吃完 Muffin，没有任何反应。女儿吃完一个掺有大麻的巧克力 Muffin，回到酒店，倒头就睡，睡得不省人事，一直到第二天中午才起床。

起床后宣称：大麻实在不是什么好东西，让我失去了美好的半日时光。

如果按我的惯例，用人来比喻一座城市的话，阿姆斯特丹就是一个有着双重性格的女人。白天，她是挽着头发，精明强干、吃苦耐劳的邻家女。晚上却是长发披肩，浓妆艳抹的风尘女。然而她风尘得大胆直接毫无做作忸怩之态。仿佛生活本该如此：白天努力工作，晚上恣意享乐。

这就是我眼中的双面水城---阿姆斯特丹。我有点想念她。

米科诺斯：蓝与白的童话世界

若非雅典城"五一国际劳动节"大罢工， 我们乘坐的游轮绝不会临时改变航道， 将我们带到希腊一个名叫米科诺斯（Mykonos）的小岛上。这个意外，带我进入一个童话般的世界。旅行最让我迷恋的地方就是你无法预测在途中会遇见什么样的人，会遭遇到什么样的事。

船上的服务生在我们抵达小岛之前向我们透露：米科诺斯小岛只有 33 平方英里，岛上只有 5000 居民，但每年来往的游客多达 90 万人。这样的数据一下就让我对它充满好奇。服务生最后还神秘地微笑着说，米科诺斯是一个风很大且很有趣的地方。至于有趣在什么地方，则是仁者见仁，智者见智。他让我自己去体会。

上了岸，举目眺望，映入眼帘的只有两种颜色：蓝与白。蔚蓝的爱琴海边耸立着一片纯白色的屋宇。海天一色，雪白的海鸥在海天间迎风飞翔。于是，我想模仿海鸥，照一张迎风起舞的照片，无奈风力太大，穿着小短裙的我不得不收回欲张的双臂，手按裙裾，慌乱中东施效颦地做了个玛丽莲·梦露的的经典姿态，逗得同伴们哈哈大笑。米科诺斯的风力一下就让我这个远道客感受到了它独特的劲道。

好在游轮公司想得周到，早就为我们联系好了当地旅游大巴。不一会儿，就来了好几辆大巴士把我们从港口载到小城中心。

小城离港口也就 10 分钟左右的车程。城中的风力明显小了许多。小城最让人惊艳的地方就是它独特的色彩：街道两旁的房子一律被石灰水粉刷成白色，就连街道上石板与石板的缝隙也被白色的石灰水粉刷一新；房子大多是二层楼，大门与窗框都被油漆起成海蓝色。

沿着弯弯曲曲迷宫式的街道漫步，突然发现有一家小小的店面，它的门和窗框被漆成与众不同的草绿色。小小的房子被装饰得像童话故事里仙女们居住的地方。停足观望之际，一位金发女士走出来热情地邀请我们进店参观，进得店堂才发现是一个小小的甜品店。一个戴着近视眼镜，个子不高，皮肤黝黑的中年男子用英文问我们是否是中国人，在得知我们是中国人后，他高兴地从柜台后的书架上取出一本书，快速地将书翻到特别的一页递到我手中。我接过书，一看乐了。原来是一本中文书，书名叫《约会爱琴海——希腊，依然神话》，作者余熙。

他翻开的那一页是一篇介绍他和她夫人故事的小文章。从文中我了解到，那位金发女士是他的太太，瑞士人，原本是个导游，偶然的机会，带着游客来到这个小岛，当下就爱上了这片个小岛，回瑞士后不久就辞了工作跑到岛上定居。

后来，她又爱上了当地的小伙子，也就是眼前这位中年汉子。婚后，他们生育了两个男孩。一家四口在岛上过着幸福自足的生活。先生主理甜品店，太太兼职当地导游及小岛上的文化外交活动的接待工作。店主的家庭故事读完了，老板亲手做的甜点（Baklava）也吃完了。到说再见的时候，老板依依不舍地将我们送到门口，看见我手中的相机，立马主动为我们在他童话般的小屋前照了一张全家福。

我们漫无目的地继续闲逛，窄窄的街道两旁有很多大小不等的家庭式餐馆，也有很多纪念品店和当地土特产店。

走到一条街的尽头，我看见一家服装店。跨进店门，一阵熟悉的乡音传来，店中回荡着的是中央电视台新闻联播的声音。走到付款台一看，有位中国男子正坐在柜台前津津有味地看电视呢。同为中国人能在这个地方相遇，自然少不了一点兴奋。

攀谈后得知，他是温州人。十几年前，因偶然的机会来到了这个小岛，如同那位瑞士女士一样，一下就被这个静谧美丽的小岛深深吸引， 前行的脚步找到了属于它的位置。于是在这开了个服装店，一住就是十多年。我问他，在这儿会不会觉得生活有些单调？他说，不会啊，逢年过节回温州，待久了反而会觉得太闹、太乱、太脏。看样子，他是爱极了这满眼的白与蓝。

在这个岛上闲逛一个多小时， 就碰到两位把他乡当作是故乡的人。我也禁不住在心里自问： "你愿意留在这个美丽的小岛直到生命终结吗？"良久，我的心十分慎重地告诉我：这里很美。偶尔对着美丽的大海深情款款地唱一曲："大海啊大海，就像妈妈一样，走遍天涯海角，总在我的身旁" 。这就足够了。我更愿意待在一个五彩缤纷的世界里。

看来每个人的归宿感是不相同的。米科诺斯是我眼中的童话世界。而我只是个凡人， 注定一生要在红尘中挣扎。在一个人眼里是故乡的的地方，在另一个人眼里永远是他乡。故乡对于人来说，最确切的定义或许当是心之所系，心之所爱的一片土地吧！

近看老美

金嗓子

2011 新年伊始，美国最轰动最传奇的人物是一个叫 Ted Williams 的人。Ted Williams 这个五十三岁的流浪汉因有一天举著写有："I have a God given gift voice……"（我拥有上帝所赐的嗓音）的乞讨牌乞讨时，被俄亥俄州当地的一家报社记者看见，他给了 Ted 几块钱，要求他对着摄影机说几句话，金口一开，果然低沉雄厚，天赐金嗓子。记者将这段录像传置网上，金嗓子 Ted Williams 一夜成名，成为各大媒体争相报道的热门人物。

Ted 在成为家喻户晓的公众人物后不久，他过往的不太光彩的历史（吸毒者，酒鬼以及多次出入监狱）也不断被曝光。然而这些历史似乎没有给他的走红带来任何负面影响，反而激起了好莱坞制片人极大兴趣。Ted 简直就是他们梦寐以求的荧屏英雄。这下 Ted 真的晕了，他从一个被人尽量躲避的乞丐成了众人之星。无论走到那儿，都有人追捧他，争相与他合影。

然而，好景不长。在不断地出现问题以及与女儿间所引发的争执与殴打后，人们对他的热情开始降温。此后他被专家建议进入康复中心治疗。最近一次看见他在荧屏出现时，他正可怜巴巴地对着媒体恳求大众不要忘记他。

我对这个犹如现代童话故事里的"灰姑娘"男人充满同情。他，一个被社会视为渣子的浪子，在穷途末路之际，突然想起了自己唯一拥有并且可以依靠的便是上帝所赐的礼物 -- 金嗓子。于是每天就举着这个牌子乞讨，他的信心果然给他带来了意想不到的祝福。然而伴随祝福而来的巨大名声让他昏昏然，他无法辨别什么是机遇什么是诱惑。他像一个木偶般被人推来攘去，自身的问题又让他软弱的不堪众人的这般摆弄。他真的快要散架了。

"放了他吧！"我在心里为他向美国大众呼求着。他需要安静，他需要学习，他需要时间去面对自己的问题并解决它。他的天赐嗓音，只有在他能远离罪的诱惑，在他能脱离了捆绑他一生的恶习后，才能向世界发出真正的动人之声。我衷心期待着不久的将来能听到从 Ted 金嗓子里发出的最美最善最真实的声音。

房客萝本

让萝本做我们的房客对我来说是一次很不靠谱的决定。以我们招租房客的标准，她一样也不符合。但我就是和她签了约而且一签就是两年。事情要从她第一次来看房说起。

那一天，我们有一间位于伯克利市的房子要出租。由于地理位置的优越，要求看房的人很多。我们就将一个周六的下午定为开放日。萝本是那天下午第一个来看房最后一个离开的。

她不是一个人来，而是带着两个姑娘一起来。一个十七八岁左右、胖嘟嘟、笑起来有儿分羞色的白姑娘，据她介绍是她的小女儿。小女儿手里一直牵着的亚洲小女孩，则是她朋友从中国领养的女儿。而她本人是这个小女孩的保姆。

萝本带着姑娘们从一间房转到另一间房，从楼上转到地下室。然后又从地下室转回到房间。我无意间听到她与女儿的对话，不禁哑然失笑。她居然在与小女儿商量房间的归属和布置等细节问题。仿佛这个房子已经属于她了。

参观完房子后，她拿起放在桌上的申请表格、从包里掏出老花镜开始填写。尽管我们一再强调：表格可以拿回去慢慢填，填完后再电邮给我们就可以啦。但她坚持要当场填完表格、亲手交到我们手中。在她弯着腰认真填表的当口，我上下打量了一下她：她深栗子色的头发被打理得蓬蓬松松、身板壮硕、衣着得体。感觉是一位勤快的美国家庭主妇。她填完表格后并没有离开的意思，她站在那儿和我唠起了家常。

她说：我真喜欢这个房子，希望你们能租给我。她还表示，她大半辈子都住在这个市里，非常喜欢这里的环境。

我问她：你现在住哪里？

她说：我就住离你们这儿两个街区的地方，我在那儿住了四年。

我诧异：那你为什么还要搬？

她说：房东当初答应给我装中央空调，可我住了四年到现在他也没给我装。现在我的租期又到了，我不想再续了。虽然我收入不高、财务信誉也不好，可我从不赖房租，你可以打电话问我的房东。

听了她的话我有点愕然，如此的坦率是我始料未及的。但我内心却很欣赏她的诚实。也许是我的表情泄露了我内心的这点小秘密，萝本开始想对老朋友一样对我说起她的经历。她结了三次婚又离了三次婚，三次婚姻带给她四个孩子一两男两女。两个儿子已经成家并有了自己的孩子，都住在伯克利市。她每星期都会帮忙去带两天孙儿。两个女儿也长大成人，大女儿在一家商场工作，小女儿马上要出去上大学。她虽然没有什么固定的高薪工作，但七七八八的收入加在一起，吃饭和付房租是没有问题的。

最后她表示：我真的喜欢你们家这个房子，我会把它当成我自己的家。她这句话深深打动我，因为同样一句话，我也曾在十几年前对我的房东说过，她为着这句话将公寓租给了当时还没有任何财务信誉的我们。

第二天我们又收到了萝本发来的电邮，真诚地希望我们能将房子租给她。

在几家申请者中，萝本的财务和信誉条件是最差的。理性告诉我：不能租给她。可内心却有个声音在对我说：租给她。给她这个机会。最后我说服老公将房子租给了萝本，而且按她的意愿与她签了两年的约。

但不幸的是，从她搬进房子的第二个月起，她就无法按时交房租了。有一次，我去她家取房租的余款支票。下了车，只见屋前种满了美丽的花花草草。再打开房门，房间里堆满了家具和装饰品。大白天屋子里没有一个人，可每个房间包括地下室都灯火通明。客厅里还燃着香气扑鼻的蜡烛。看着这个家，谁会相信这是一个连房租都很难付清的低收入家庭？

就这样，萝本每个月都必须分期付款付房租。我的地主朋友们说：这样的房客，你早就该下逐客令了。可我总觉得她拖欠房租是因为她手中真的没钱。心中对她有著很深的同情和怜悯。一直不忍心去下逐客令。

直到有一天，她发短信让我们去她那儿，她说：我摔倒了，脚骨折了。水龙头有点漏，你们过来帮我修一下吧。

我们去了，看见她手杖拐杖，一只脚被绷带厚厚地包扎着。她从柜子里拿出一瓶红葡萄酒，问我们：要不要来一杯。我们谢绝后，她自顾自地给自己倒了一杯。端起酒杯，仰头喝了一大口，随即叹道：看样子，这个月还得再拖几天付你们房租了。因为腿伤，我这段时间都无法去工作了。请你们谅解。

这是我第一次看见她脸上流露出无奈和落魄的神情。过了几个月，她告诉我们她的腿伤不能忍受密西根州的寒冷天气。她可能必须和我们解约。我们欣然同意并表示不会为此收取她的毁约金。她很感激地说：你们是我遇到的最好房东。我真希望能一直住在这个房子里。

一个月前，萝本通知我们：她要走了。她的一个闺蜜在佛罗里达州帮她找到了一份工作，她要马上搬过去。我们真心为她高兴。她搬家的那天，我们见到了她两个高大健硕的儿子。萝本指挥着儿子们搬这搬那，她的脸上又有了我最初见到她时的自信和笑容。

当我和她告别的时候，她给了我一个紧紧的拥抱，并对我说：你到佛罗里达玩，一定要和我联络。我也真诚地祝福她在佛罗里达的日子快乐，健康！心中却藏着一句没敢说出口的希望：愿她从此过上不用为房租发愁的日子。

左邻右舍的男人们

5 年前，搬进现在居住的小区不久便发现，邻居们家普遍男孩子多，男人能干。

这不，正对门凯文家 5 个孩子；斜对门的埃瑞克家有一对小儿女；左邻斯迪文家两个儿子；右邻杰家有俩闺女和一个儿子；再过去布朗恩家也是一男两女。总之，整个小区的孩子要加在一起可能有近百人。

这么多的孩子，小区应该很闹腾。可事实正好相反，孩子们除了放学放假会三五成群聚在一起骑骑车、打打球外，平时都很难见身影。晚上一过 10 点，整个小区就好像进入睡眠状态，安静极了。

在小区里走动，很少看见女人，估计不是忙于工作，就是忙于家事。倒是常常看见邻家的男人们，他们忙碌的身影常让我感叹：女人心目中的新好男人在我们小区可聚齐了。要不静下心来听一听。

我的左邻斯迪文，3 个儿子的父亲，他身手矫健、酷爱运动。中等身材的他经常带着 3 个宝贝儿子，溜冰、跑步、打曲棍球。混迹于孩子中的他玩得比孩子们还 High，常常让我分不清谁是孩子谁是父亲。

我的右邻杰，那就是个全才。后院里的大游泳池就是他一个人设计建造的。他动手能力强，为人又谦和，左邻右舍有什么需要修理的几乎都会去咨询一下他的意见。除此之外，他还酷爱汽车。家里车库就是他和儿子以及邻家男孩们的汽车装配车间。路过他家门口，经常看到他和一群大男孩们围着高高架起的大车壳忙乎着。

他旁边住着的布朗恩也是慈父心肠。儿子喜欢棒球，经常看他一个动作一个动作耐心地指导着："挥棒、下蹲、接球。"

对门的凯文下班之余，不是带着孩子们遛狗养兔，就是陪着太太骑车散步。夫妻恩爱得让人羡慕。

斜对门的埃瑞克，太太是繁忙的全职护士，而他就是一个全职奶爸。里里外外是一把手。冬天一早就起来铲雪，为的是让老婆好开车。每到节日，屋前的各种装饰弄得是漂漂亮亮、有模有样。感恩节巨型火鸡耸立在门前的草坪上；圣诞节耶稣诞生在马槽里的情形活生生地搭放在路边，还用一只地灯从下往上照射着，简直就是一个小舞台；复活节彩蛋在树上飘扬；鬼节众鬼门藏匿于树丛屋檐间。一句话：有他做邻居，你不会错过任何节日。

俗话说：近朱者赤，近墨者黑。生活在这一群美国新好男人们中间，老公的压力有点大。之前他常常自我吹嘘；现在是奋起直追，还自叹不如。

看来榜样的力量是无穷的。女人想要拥有好男人，择邻而居是首要的选择。

风雪赶路人

今年二月初密西根下了一场近十五年来最大的暴风雪，天气预报预测大约会有 10 英尺的雪，可结果密西根大部分地区下了 16.5 英尺的雪。所有的学校因此宣布关闭两天。这下可忙坏了电视台的新闻记者们，他们到处去抓拍被暴风雪袭击后的城市新闻。

在众多的新闻报道中最吸引我眼球的新闻就是：一个穿着橘红色运动裤，灰色棉袍的五十多岁的黑老汉，他在已分不清哪是人行道哪是汽车道的深雪中艰难前行。记者在路上遇见他时，还以为他是晨练之人。当老汉说他是在赶路上班时，记者惊呆了。

记者问："你为什么不开车？"

老汉边走边答："我没车。车早坏了。"

记者穷追不舍："你在哪里上班？"

"在罗切斯特丘陵市。"

"什么？"记者有点不敢相信自己的耳朵。

"这么远的路，你要走多久才能到啊？"记者声音里隐含着一丝绝望。

"平常走两个半小时能到公司。今天就不好说了。所以我特别早出来。"老汉　平静地回答。

记者从老汉身上嗅到了前所未有的新闻价值，跟在老汉身后前行，终于弄清楚了老汉身份。

老汉名叫詹姆斯·罗伯逊（James Robertson），今年 56 岁，家住底特律市。他是一家模具公司的工人。公司离他家有 23 英里的距离。23 英里的路程中只有 12.5 英里可以乘坐公交车，10.5 英哩的路程就得靠双脚。这就意味着詹姆斯每天上下班需走 21 英哩的路程（接近一个马拉松的距离）。而詹姆斯这一走就走了近十年。

在记者和詹姆斯的对话中，让我最感慨的是，詹姆斯一直强调与找到这份工作的艰难相比，每天走这么远的路真的不算什么。詹姆斯每天这样长途跋去工作，得到的报酬也就是每小时 10.55 美元。难怪詹姆斯买不起车子、付不起车保险。

记得十年前我在汽车公司工作的时候， 美国工人们在强大的工会组织保护下真可谓过着天堂般的日子。除了薪水高、福利好以外，稍不如意还能搞个罢工什么的。把我们这帮每天守着电脑屏幕的白领们羡慕得恨不能立刻成为他们中的一员。然而，随着全球一体化的浪潮，美国制造业的大量海外输出，以及工会组织的权势被削减，没有太多技能的工人们不仅失去了他们赖以为生的好工作，还失去了曾经罩在他们头顶上的巨大保护伞。这就难怪，詹姆斯一再强调最难的不是走路而是找到一份有基本保障的工作。

詹姆斯因为这场大风雪而被记者发现了，他也因此获得了一辆新车的捐助。从此可以以车代步去工作了。然而，很多像詹姆斯一样生活在贫困线上的普通工人们该如何振救他们自己呢？"落后就要挨打"这句话曾激励过每个中国人，今天可能也可以用来与美国工人阶级共勉。

美国人的狂欢节—超级碗

星期天一早起床，看见窗外风雪交加。我知道：又是一个不能出门的日子。好吧，在家打扫卫生吧。为了给自己提点兴致，破例一早开了电视。这一开，惊我一跳，铺天盖地的都是有关 Super Bowl 的新闻和访谈。这才想起：今天是美国国民的狂欢节—Super Bowl Sunday。

所谓 Super Bowl，中文翻译就是超级碗。它是美国国家美式足球联盟（也称为国家橄榄球联盟）的年度冠军赛，胜者被称为"世界冠军"。超级碗一般在每年 1 月最后一个或 2 月第一个星期天举行，这一天称为超级碗星期天（Super Bowl Sunday）。超级碗是比赛的名称，其奖杯名是文斯·隆巴迪杯（Vince Lombardi Trophy）。参与球队为该球季的美国美式足球联会冠军以及国家美式足球联会冠军。超级碗多年来都是全美收视率最高的电视节目，这一天也逐渐变成非官方的全国性节日。

今年参加冠军争夺赛的是新英格兰爱国者（New England Patriots）和去年超级碗冠军得主西雅图海鹰队。美国人对于自己球队的崇拜和喜爱不是我等非球迷可以想象的。今年一月到西雅图，看见整个城市的高楼大厦上都张贴着一个大大的蓝底白色的 12。到波音参观，导游开口的第一个问题就是，你们有没有看见每个大楼上张贴着的 12？没等大家回答，他已经急不可耐地说出答案，那是我们西雅图海鹰队的对旗。我们又要参加冠军争夺赛了。祝我们好运！可见，美国人民对这场球赛有多么期待。

今年微信上大家都把 Super Bowl Sunday 称作"美式春晚"。仔细想想：还挺确切。首先这一天对于美国人来说也是一家欢聚一堂的日子。虽然没有感恩节那么正规，但对于热爱运动的老美们来说，这一天可是绝对兴奋和激情满腔的。据说这一天食品的消耗量也仅次于感恩节。

其次是观看者的规模。据统计：几乎一半的美国人是从头至尾观看完毕。若加上中场加入的观众以及全世界的观众，其总人数估计也不会低于观看春晚的观众。

最后它的娱乐性也和春晚有得一拚。每年的 Super Bowl Sunday 都会请当年很火很有实力的乐队和歌手助阵。在加上几十个精心制作的美伦美幻的商业广告片，让本来就够刺激的体育赛场更加绚丽多彩。Super Bowl Sunday 可以说是一个从观众到球员到演员到商家都很快乐的日子。从 1967 年 1 月 15 第 1 届到今年的第 49 届，它已经历了 49 个春秋。比起有着 32 年历史的春晚，在年代上它还更加老资格。

当然这样大型的娱乐赛事，商业利润也是巨大的。有利益的地方就免不了沾染点腐败或丑闻。Super Bowl 举办至今最大的丑闻可能就是 2004 年第 38 届，珍妮·傑克逊中场演出露胸事件。那一届不仅让珍妮自己脸面尽失，还让当时转播比赛的哥伦比亚广播公司的母公司维亚康姆为此付出巨额罚款。真是"偷鸡不成失把米"的典型例子。

今年中场表演的歌手是 Katy Perry. 她一身身奇异的服饰和劲爆的歌舞把 Super Bowl 夜晚推向高潮。而这一届的比赛也是惊心动魄的。一开始新英格兰爱国者一路领现，而后西雅图海鹰队步步紧逼超越。本以为海鹰队胜券在握，不曾想，最后几分钟，爱国者一个漂亮的触地球让他们反败为胜。最终以 28：24 荣登冠军宝座。

一场酣畅淋漓的集体育、歌舞、广告为一体的视觉盛宴就此拉上帷幕。可正如春晚一样，戏结束了，人们的兴头还没结束。这不，有关女歌手、男球星以及广告优劣的八卦新闻又如火如荼地上演了。狂欢节的娱乐效应就在于此吧。

在这雪花飘飞的严冬，我们这群赶不上中国春晚的游子们，在他乡体会一下美式的春晚也算是一解乡愁了。

露雪和她的家人

露雪是我的一个小小学生。第一次见到她是在我任教的世界语言学习中心的客厅里。

她有一头短短的黑发，圆圆的小脸。一对不大却黑白分明的眼睛怯怯地四处张望着，小小的身子紧紧蜷缩在金发碧眼的妈妈怀里。

露雪的妈妈戴一副黑边眼镜，气质文雅，她笑眯眯地用一只手不停地轻抚露雪的后背，安慰道："不怕，不怕，露雪。"

坐在一旁的是一位 60 岁左右、头发金黄的妇人，她笑容可掬地向我介绍道："这是凯伦，我儿媳妇。这是露雪，我孙女。我叫得丽思，是露雪的奶奶。" 奶奶两个字是用中文说的。说完，她侧头笑着问我："我说的对吗？"

我笑问："你是露雪的爸爸的妈妈吗？"

她答："是的。"

我说："那就对啦！"

她很高兴，说："我知道中国人的祖母有两个意思，一个是奶奶，一个是外婆。"我点头称是。

得丽思拉起露雪的小手，向她介绍我说："露雪，这是莉莉。"

那个被称为露雪的小宝宝，从妈妈的肩头微微抬起头，悄悄地看了我一眼。我笑嘻嘻地看着她，弯下身子自我介绍说："露雪，我是莉莉。你愿意和我玩吗？" 说完，我伸出手轻轻地抚摩了一下她圆圆的小脸颊。小露雪居然露出了羞怯的笑容。妈妈和奶奶看到她的笑容开心极了。两人几乎同时说出："哦，她喜欢你！露雪喜欢你，这太好了。"

接着，露雪的妈妈凯伦就向我介绍起露雪的情况。露雪是她和先生 3 个月前从中国领养回家的孩子。从申请领养孩子到真正把露雪带回家花了他们 3 年多的时间，所以露雪是他们得之不易的千金。把露雪接回家的时候，她才 1 岁半。在中国飞回美国的飞机上，露雪表现得非常紧张。回到家后也并不放松，她与每个人保持着距离。特别怕见生人。最近一个多月来好多了。他们开始带她出门，让她慢慢接触到更多的陌生人。3 个月前，她还能听懂一些中文，现在估计也还能明白一些。

作为养父母的他们希望露雪不要忘记中国，更希望她以后还能说中文。最后，凯伦对我说："莉莉，你不要有负担，我们知道露雪太小，你现在很难教她什么。我们只是希望你能和她一起玩，对她说中文。听说你们语言中心实行沉浸式教育方法，我们觉得特别适合露雪，所以就把她带来了。"

在整个谈话过程中，露雪都表现得十分安静。只是把她小小的身子紧贴在妈妈的怀里。

在得知露雪来自我的家乡南京时，我觉得有一种不可推卸的责任去教她祖国的语言。其实露雪的年龄不是我教过的孩子中最小的一个，只是她的长相看上去是最小的。很多像她这么大的美国孩子已经能说很多话了，她却几乎一言不发。估计是因为她处境的复杂和太多的变动让她陷入语言困惑状态。

妈妈和奶奶都希望露雪能一周上三次课，可经济状态并不富裕的他们很难支付这样一笔额外开支。"苍天不负有心人"，他们一家的真诚和爱心不仅感动了我，也感动了学习中心的负责人。虽然一开始教露雪这样的孩子会非常困难，但我决定收下这个小小学生。大家集体同意给露雪特别优惠的学费让她能每周上三次课。

露雪一天天长大，人变得越来越活泼。她现在不仅能听懂我中文的要求，还能用中英文说一些简单的对话。看着她的进步，我心中有说不出的喜悦。

一次，看着欢笑中的露雪，我情不自禁地对坐在一旁的奶奶感叹道："露雪真幸运！"话音刚落，奶奶得丽思马上接口道："莉莉，是我们真幸运能拥有露雪！"望着她真诚的笑脸，我点头称是。对于心中有爱的人来说，任何付出都是一种幸福。

露雪的确是幸运的！她不再是孤儿。她有了属于自己的家，有了爱她的爸爸妈妈，还有宠她的爷爷奶奶外公外婆。虽然她与他们没有任何身体的血缘关系，但爱的血缘让他们今生相遇、相聚，成为一家。看着小露雪和她的家人们，谁能说"血浓于水"是一条不变的真理？

做一回美国高中生

　　新学期开学，女儿从加拿大转学至美国。同事问我："你参加学校的课程观摩了吗？" 课程观摩？在加拿大从未听说过。在同事的一番解释后方才明白，课程观摩就是学校在新学年年初安排一个晚上让家长拿着自己孩子的课程表按顺序听模拟课。目的是让家长了解课程内容并体验一下孩子在学校的生活。同事告诉我课程观摩非常有意思。她很肯定地对我说："你会喜欢的。" 果然不久便收到学校的邀请函。女儿有六门课。我得按她的课程表去不同的教室听课，每门课安排的时间是十五分钟。女儿担心我找不到教室，特意陪我前往。

　　那天晚上虽下着蒙蒙秋雨，停车场还是停满了家长们的车。大家撑着伞顶着风往学校大楼奔。入口处有学生义工在分发教室分布图。有女儿相伴，图就自然免了。在女儿的带领下一路奔向她的第一门三维艺术课的教室。教室里已有七、八个家长在座，女老师很客气地让我随便坐。刚一坐定，女老师惊喜大叫："哇，你选的是你女儿 Mandy 常坐的位子。真奇妙！" 大家都忍不住笑。上课铃在笑声中响起。教室里高悬的电视上出现了女校长的身影。校长在十几分钟的欢迎辞里介绍了学校的基本情况并鼓励家长参与学校活动为学校未来发展出谋捐钱。

　　我环顾四周发现真不愧是艺术教室，头顶上挂的全是学生们的手工作品。课桌像环形的吧台，凳子也类似吧凳。四周的桌子上放满了各种工具和材料。老师介绍说：这学期这门课在技术上主要让学生门学会用不同的材料做珠宝、雕塑和瓷器。但最重要的是培养学生"Positive and creative attitude, to think before doing"（积极和创新的态度。三思而后行）。十五分钟很快过去（正常课 45 分钟），家长们同老师握手告别。再转向下一门课。因为每堂课之间只有七分钟的休息，选课的教室有的相距较远，故必须快速前进。女儿对疾走的我说："妈妈，看我们的学校生活不像你想的那么轻松吧！每堂课之间我都得这么赶。"我纳闷地问："学校为什么把课间搞的这么紧张？"女儿答："老师说是为了我们能够更加专注于功课。课间时间长我们容易分神而且有的学生还会惹事生非。"仔细想想还真是有点道理。

接下去我听了文学，生物，历史，计算机和数学五门课。每门课的教室都布置的跟学科有关。比如：文学课教室的墙壁上是经典文学作品的电影广告画。生物课教室里有学生们养的鱼、蛇、乌龟等小的动植物。总之，进了门根据布置你都可以猜出这是什么课的教室。每门课的老师除了有自己不同的教学内容外，都着重强调培养孩子独立思考的能力和应用知识的能力。他们采用不同的方式激发孩子的学习研究兴趣。比如生物老师就让学生每天观察所养的动植物变化，鼓励学生上网查找最新的相关学术报告。历史老师则要求学生每天报告听到的每日要闻。因为今天的要闻就是明天的历史。

一个多小时的课程观摩结束后，女儿问我感受如何？我说："真想在美国再做一次高中生！"

夏日最后的狂欢

今年的美国劳动节没有远游，只是和几位朋友相约去了密西根州西部的一个名为"Silver Lake Dune"（银湖沙丘）的小地方。之所以选这个名不见经传，旅馆价格还不菲的地方完全是出于时间和距离的考量。

所以，我对于此次的旅行完全是抱着会会朋友、晒晒太阳的心情。在前往目的地的途中，我有一句没一句地给老公打预防针："这次旅行就是换个地方、睡个觉，会会朋友、喝喝茶。别指望太多。"

老公问："有 WiFi 吗？"

"好像有的，应该还没荒芜到那个地步。"我笑道。

话虽这么说，可越靠近目的地，车辆就越稀少。路的两旁不是苹果园,就是大片的玉米地。心想：敢情是到了比我们小城还偏的乡下。

"乡下就乡下吧，既来之则安之。"我们自我安慰着。在穿过一条绿荫覆盖的美丽小路后，眼前豁然开朗，一片宝石蓝清澈的湖水映入眼帘。

其实，在被五大湖环绕的密西根州见到湖并不稀奇。让我们惊艳的是，这一汪湖水的对岸是一座连绵不绝的银白色的沙丘。阳光下的沙丘闪烁着耀眼的光芒。沙丘上不时有不同形状的阴影在移动，举头望天才发现原来是天上的云投影在沙丘上的缘故。这样的美景让我们喜出望外。

更令人激动的是，除了美景外，小镇还提供各种水上和丘上娱乐项目。我们一群人驾驶着 Pontoon Boats 在湖上兜完风后，就冲向沙丘地。几番挣扎和努力终于爬上丘顶，到了顶端才发现一峰更比一峰高。真有点"望断沙丘路，何处是尽头？"的感慨。

小镇每天都洋溢着节日的气氛。来来往往的车辆中，很多车头前都安装了一根或两根细细长长的铁管，管顶上都有一面红色的三角旗子。我们好奇地打听旗子的缘由。当地人告诉我们这是去沙丘赛车场的许可证之一。

原来这里的沙丘除了供人攀登外，还有一块特定的区域专门给车手们赛车和爬坡的。为了安全的考虑，每天能进入这个区域的车子是限量的。能进入这个领地的也必须是大马力四轮驱动车，我家那辆老公心爱的四驱牧马人越野吉普好不容易在第二天获得了资格和机会，也算是它第一次有了用武之地。看着自家的车头也被安装上了一面鲜艳的红旗，老公的兴奋，简直就像一个青年终于通过政审加入到梦寐以求的部队。

老公驾驶着吉普车，跟着一长溜儿被改装成如坦克般高大威武的吉普和小货车进入到赛车领地。进入领地的道路被整得特别地崎岖不平，一群印度人开着大 Van 还未进入主赛场就陷坑里了。我们的车子还算争气把我们带进了赛场。

一进赛场，我眼前出现的就是一幅大漠苍苍赛车对阵图。新进场的车子一字排开在沙坡下准备向大约有 75º 陡峭的沙山冲刺。山顶上也一字排列着已冲上山顶的车子。山上山下的车子对阵着，高高插在每辆车头上的红旗在风中呼呼地飘扬着。山下的车子开始陆陆续续向山顶发起了冲刺。有的一鼓作气冲向了山顶，有的半途就败下阵来。我们家那辆标配的白色牧马人冲到半山腰也陷入沙坑。

不要以为赛车场只是男人的天地，在这儿我领略到美国"女汉子"们巾帼不让须眉的飒爽英姿。她们或是骑着山地摩托，或是开着改版的越野车在沙地上飞驰。滚滚车轮、阵阵风沙中，青春的热血再次涌动体内。我们欢笑着、尖叫着飞沙走石，一路狂欢。

休息时同几个车手闲聊才知道，他们都是汽车爱好者。每年夏季都会相约到这儿来，测试被他们改装后的车子性能。赛车的同时也是互相切磋技术的好时机。劳动节是这群爱车族们夏季最后的一个狂欢节。我们无意间加入到他们的队伍中，从他们看似有点疯狂的行为中感受到蕴藏在他们心底深处对汽车的挚爱。

我想：大概正是因为这样的挚爱和追求，美国才会诞生出世界上第一辆汽车和第一架飞机。也正是因为这样的挚爱和追求，密西根的汽车工业才会不断地创新和发展。

在银湖沙丘享受到的激情与欢笑为我们 2014 年的夏天画上了一个圆满的句号。

美国人过国庆

今年美国国庆是一个长周末，女儿和朋友们相约去了芝加哥。我和老公商议："今年哪儿也别去， 就在家会会朋友，吃吃饭吧？"老公也很爽快："好建议！换个方式过个节。"

美国国庆虽然是节，但总觉得跟别的节日有点不一样的感觉。就仿佛参加朋友生日派对，忙乎的是主人，做客人的也只能凑凑趣恭贺几声罢了。内心实在没有什么感触和波澜起伏。

可有趣的是，这第一次在家过美国国庆，听到看到的倒让我这个局外人很有了点怦然心动的感觉。

话说 7 月 3 号那个傍晚，我一如既往牵着狗儿鲍比在小区溜达。走着走着迎面碰着一家人，爸爸手拿美国国旗挥舞着，两小女和一小儿手拿国旗紧跟其后，妈妈牵着一只狗走在最后。狗的身上也绑着一面国旗。

他们雄纠纠、气昂昂地唱着国歌在小区游行着，虽然游行的步伐因鲍比的出现，一度受到影响和干扰。但孩子们很快就同鲍比挥手告别，跟着父亲继续他们旁若无人的爱国游行。

再说 7 月 4 号一早，在家附近小公园碰上狗友凯尔。他很热情和我们打招呼寒暄："今天你们出门吗？"我有点愕然，这可不是美国人一般的寒暄方式。但还是如实地回答了他："白天不出门，晚上要到朋友家去吃饭。"

"几点回来？"他继续问。

"不知道，看情况吧。"我回答得有点犹豫，心里想："干吗呢？查户口啊？几点回家关你什么事？"

凯尔笑嘻嘻地解释说，他今晚要和邻居斯迪文家联合放烟花庆国庆。天黑后就放。

他说："你们早点回家就能看到。我今年买了很多，都是遥控的，应该很好看。"

原来是这么回事！我为刚才自己心里的想法感到羞愧。连声说："是吗？太棒了！我们到时尽力赶回家。"

那个晚上在朋友家聚得很欢，一群朋友在微风习习、绿草茵茵的后院里喝酒吃菜看夕阳。当夕阳的最后一抹红色消失在天际时，我想起了凯尔的话。匆匆告别朋友们，直奔回家的路。

一路上，鞭炮声不绝于耳。烟火在灰色的天空中忽隐忽现。看看手机，22 时刚过，希望还能看到凯尔放的烟花。

回到家，小区里的烟花炮竹声，声声入耳。天空中的烟花此起彼伏，哪里能分得清谁是谁家的。

老公说："管它是哪家的，好看就行。"想想也是。到了 23 时，烟花渐渐稀落，正准备返身回家，一阵密集的烟花在空中盛开，朵朵炫目。半个小时后，当烟花的辉煌在漆黑的夜空中消失了踪影后，我听见一阵开怀的大笑，那笑声单纯得一点杂质都没有，那是凯尔的笑声。我禁不住鼓掌。微弱的掌声只有我一个人能听到，那又有什么关系？出自于心的掌声再小也珍贵。

中国是烟花爆竹的故乡。中国人逢年过节也都要鞭炮齐鸣。国庆节的烟花自然也是璀璨夺目，但那都是集体国家买的单。扪心自问，我从来没有想到，在国庆节的那天为伟大的祖国燃放一支烟花庆生。

"今年我们也去买一些烟花吧！"临睡前我对老公说。

老公说："好，应该的。"

10 月 1 日让我们为祖国燃放最美的烟花庆生吧！

梦想在郁金香中绽放

话说上个世纪初， 在荷兰的一个名叫贝佛克的北方小镇里，居住着一大家子人。这一家人世世都代代以种田为生，可到了 1910 年，田里收成极差，他们的生活陷入困顿。父亲弗雷德里克·内里斯把 17 岁的儿子哈利·内里斯叫到身旁。

他对儿子哈利说：孩子啊，我们一大家子若要活下去，必须要离开这块贫瘠的土地。听说美国有大片大片无人耕种的富饶土地，你要不先去看看？

哈利是个懂事的少年，望着父亲疲惫无奈的双眼。深知作为长子的自己，任重而道远。当年的 10 月他只身一人离开家乡，经过几个月的飘洋过海终于抵达了美国的密苏里州 。在那里他买了一些田，开始种植蔬菜。次年的 9 月，内里斯全家从荷兰迁居美国。

有了田，并不意味着有了比家乡更美的生活。虽然吃饱肚子已经不成问题了，可离梦想的好日子还有太大的距离。于是一家人又从密苏里州移居到芝加哥。在大城市里，一家人努力工作，可还是不能摆脱贫穷。

他们思念土地，再次搬迁，来到了密西根州。在被五大湖环绕的密西根州，他们似乎找到了一点家乡的感觉，于是在密西根湖畔，买了一块地，再次开始他们的农耕生活。然而，辛勤种植蔬菜带来的只是微薄的利润。

就在这个时候，远在家乡的亲戚要他们帮忙种植一些水仙花。内里斯一家人在种植水仙花的同时， 也就顺便种上些家乡的国花郁金香。出乎他们意料的是：他们种植的郁金香吸引了来自各地游客，每到春天就有大批游客到他们的农场观赏郁金香。他们家的郁金香无意间成为了观光热点。这真可谓是：有心种菜菜不发， 无心种花花成景。从此，内里斯一家以种植郁金香为主业， 并且围绕着郁金香开发出许多有趣的观光项目。他们居住的小镇也成了一个以荷兰文化为特色的旅游景点。

每年 5 月初去荷兰村赏郁金香成了密西根人春游的首选。对我来说，无论去过多少次，每一次都会有新的惊奇和感动。每过一两年，我就会在他们的小花园里发现一个新的小型建筑或雕塑。梵高专心致志站在那儿画他著名<<星夜>>的雕塑，最是栩栩如生。其实，小花园里的每个建筑和雕塑都有其寓意和象征，都在分别讲述着荷兰历史中的一段段动人故事。

内里斯家族已经在美国安居 100 多年了，他们昔日的梦想成为了今日我们眼中一道亮丽的风景。他们家的故事让我相信：正是千千万万来自世界各地普通人的美国梦，成就了强大富裕的美国。

盖瑞和他的 B&B

　　盖瑞是印第安纳波利斯（Indianapolis）市区一间 Bed & Breakfast 旅店的老板。认识他是因为最近到印第安纳波利斯去，选住了他的旅店。

　　他的 B&B 旅店设在一幢建于 1885 年的老房子里，房子离市区不远，离印第安纳波利斯史上最著名的人物 23 届美国总统本杰明（Benjamin Harrison）的旧居，仅几步之遥。想想：这样的房子，这样的街区，住在里面当是何等感觉？所以，我们毫不犹豫地在网上定下这间旅店。

　　旅店不出我预料的古旧。两层楼的红色砖房掩映在浓密的树荫间，大门的墙体上爬满了长青藤，黑色的铁栅栏将房子前的草坪围了一圈。一眼望去，还以为是一座废弃的无人居住的房屋。

　　推开大门，扑面而来的是旧日时光。暖暖的桔色灯光下，一排排整齐陈列的好莱坞录影带、老式家具、油漆斑落的白色三角钢琴、墙上有手绘的精致花卉也有三十年代的宣传画。总之，室内的一切陈设让人有穿越时光的感觉，仿佛进入到上个世纪二三十年代电影里的老上海和老美国。

　　旅店设有五个客房，分别命名为新娘房（Bridal）、提芬妮（房Tiffany）、好莱坞房（Hollywood）、文学房（Literary）和狄温特房（Dewenter）。每个房间的装饰风格也是依据名字而设计的。 比如好莱坞房，里面除了摆放着好莱坞经典片子外，墙上更帖有上个世纪好莱坞巨星们的头像。而狄温特房间就摆放着原物主狄温特先生一家的照片和故事。让客人更多地了解这座房屋的由来。

坦率地说，印第安纳波利斯地处中西部，没好山也没好水，绝不是一个旅游城市。然而，盖瑞的 **Bed & Breakfast** 旅店生意红火。我住的一个星期内，客人络绎不绝。价格不菲的房价能如此吸引来自各地的客人，想必与盖瑞匠心独用的设计风格有关。看来，怀旧是人类的通病。

盖瑞无疑是一个眼光的商人。然而，在和他多次的闲聊中才发现，这个个子不高，留着一脸络腮胡子的精干老人，有着不平凡的人生经历。

盖瑞出身贫寒，高中毕业后因付不起大学学费而选择了参军，退伍后靠亲戚资助上完了大学。大学毕业后，成为音乐剧演员。但不久他就意识到，演员的收入太菲薄不足以养家糊口。故开始了经商的人生路。

经商成功后，他又开始投身于政治，曾参选印地安那州参议员。虽参选失败，但却让他有机会进入到大学课堂讲授民主自由与政治相关的课程。在 1990 到 2001 年的十年间，他每年都去俄罗斯（上个世纪九十年代还被称为苏联）参与有关民主自由的研讨会两到三次。为了他的政治观点，他也曾两次拜访中国。

他的政治主张极其鲜明：民主与自由是治理国家的法宝。他说：我能有今天的生活经历就是因为生活在一个民主和自由的国家。

我说：你的经历可能与你的个性更有关。因为不是所有的美国人都有着与你相似的经历。他们大多不了解政治，也不关心世界。对于选举也不那么热衷。

盖瑞说：对，我的经历是与我的个性有关，但在集权的国家里，我就不可能有这么多自由选择职业的权利。现在很多美国人越来越不关心政治，这是一个危险的信号。人们太多注意眼前的利益，而忘记能使国家强大富强的根本在哪儿？

他认为：奥巴马是精英主义，让普通人开始丧失了民主的意识。

　　我们用南美各国的例子和他探讨民主与集权的利弊。他承认：集权在某些状况下会产生更快更有效的结果，但从长远来讲却是最坏的治国之道，会让人民愚昧。他和我们分享他在苏联的种种经历。让我们深深感受到他对民主自由的挚爱。

　　盖瑞迄今为止已周游了 108 个国家。不出游的时候，他就专心致志经营着自己的旅店和珠宝店。他绝对是一个勤快的店主。每天一早，他就起床，亲手为客人们准备丰盛的早餐。他的香蕉核桃蛋糕是所有客人的最爱。除此之外，他还每天制作各式小饼干供大家随时茶点品尝。

　　看着他在厨房里不停忙碌的身影，我想：演员、商人、政客、店主，那一个称谓更适合他？可能每一个称谓都表达了他生命的一个侧面。或许正如他所坚信的那样：只有民主和自由的社会制度才允许他，去那么彻底地表达自己生存的各种姿态吧。

与狗为友

我和鲍比

鲍比是我的宠物狗，它进入我的家是我生命里的一个奇迹。我曾是一个怕狗怕得要死的人，无论大狗小狗我都怕，路上远远见到它们，一定绕道而行。

可恨的是， 无论是加拿大人还是美国人都很喜欢养狗。过去住在加拿大，住宅区里新移民较多，养狗的人就相对较少。在小区散步很安心，没有狗的困扰。后来，我搬到美国，小区里几乎家家养狗，为了避免与狗相遇，我尽量在遛狗高峰期过后再出门。即便如此，还是会偶然遇见它们。好在狗主人们大多很善解人意，远远看见我的身体语言，不是和我友好打趣，就是拉紧狗儿们的绳索，让我平安通过。

一次，我一个人在小区散步，突然感觉有脚步声靠近，回头一看，是一条大黑狗。我本能地发出尖叫，叫声不仅让狗吓一跳。也让一位正好要出门的女士惊了一跳，看见我和狗的情形，她似乎一下就明白了我的处境，便很快将狗招呼到她身边，像个老朋友似地将它搂入怀中。 我以为那是她的狗，惊魂未定怒气冲冲正准备向她发火，她却抢先笑嘻嘻地安慰我说："不用怕，它不会伤人的。不知道它是哪家的。"说完，拍拍狗的屁股， 对狗说： " 回家去吧！"狗儿似乎听懂了她的话， 一溜烟地朝着街角的一户人家跑去。

这件事不仅让我感到窘，而且也让我第一次深深意识到：我在对狗的态度上有问题。可是自己又无法消除对狗的深深恐惧。 直到有一天，在《圣经》里读到一句："在爱里没有惧怕。"我突然悟到：克服怕狗的唯一方法就是去了解它们并且爱它们。于是，我到图书馆借了一大摞有关狗的书籍、画册以及录影带。在 3 个月的阅读期间， 我在脑海里孕育着我的狗儿。3 个月后，我向家人宣布：我可以养狗啦！ 家人先是惊讶后是惊喜。

第一次见到鲍比，它才出生 7 天。它和它的另外 8 个兄弟姐妹像一只只肉老鼠闭着眼躺在那儿。在狗主人一只只抱给我们过目后，我们选定了 4 个公宝宝中有着最深金色毛发的狗儿，并给它取名叫鲍比。两个月后，鲍比正式成为家庭一员。 鲍比聪明，学什么都很快，到学习班上课，老师教什么他都马上跟着做，做完就要求奖赏。当其它狗儿还在发愣的时候，它把属于人家的零食一口叼走吃下。

鲍比喜欢交朋友，见到任何狗儿，它都很主动地打招呼，摇着尾巴闻人家屁股。如果发现比它小的狗有怕它的样子，它一定四脚趴下做乌龟状，如果这招还不灵，它就来个四脚朝天，把它那雪白的肚皮露出来。它把自己最柔软的部位露出来，表示自己没有任何攻击性。

虽然它对每只狗都友好，但不是每只狗都对它友好。它会记住谁欺负过它、谁不喜欢它，下次见面它就避开，只和它们的主人打招呼。靠近过它的人都很喜欢它，或许因为这个缘故，它爱人胜过爱狗。

鲍比调皮，有时候调皮得让我咬牙切齿又忍俊不禁。它喜欢一切毛绒绒的东西和鞋子，所喜欢的一切都在它的嘴里一一被撕碎。一整箱的毛绒玩具被它破坏殆尽，十几双鞋子被它咬得面目全非。每次干完坏事，它神气诡秘地出现在你面前。我问："鲍比，你又做什么坏事啦？" 它瞪着一双黑葡萄似的眼睛很无辜地看着我。等我找到被它撕坏的毛巾或鞋子，训斥它的时候，它总是先微张着嘴仰着头看着我装傻，然后就低着头走到一边趴下，把头深深埋在前爪里，一副无颜见人的样子。

看见它的那个样子，我忍不住要笑，批评它的声音常会因此变调，变软的语气每次都会很快被它捕捉到，此时的它马上会从地上爬起来，走到你面前，站起来抱着你又亲又舔。面对这样的狗儿，你能有什么样的火气？

鲍比虽然调皮，可胆子并不大。它喜欢追鸟追松鼠追野兔，确切地说喜欢追逐一切在它面前奔跑的动物。可只要这个动物勇敢地停下来望着它，它马上停止追逐，不知所措地望着对方。若发现我就在它身边，它会虚张声势地大吼大叫两声。若没有看见我，必掉头逃跑。

可有时它的勇敢又让人瞠目结舌。有一次我们俩在公园散步，那时候它才 4 个多月， 个头不大。突然不知从哪儿蹦出两只大狗，每只足有 100 磅左右。它们一左一右将我和鲍比围着，我有点慌神，小小鲍比又跳又蹦挡在我前面，不让两只大狗靠近我。我从没有见它那么凶过，两只狗可能是被它的气势吓住了，居然一溜烟地跑走了。

还有一次，我不小心从楼梯上滑落下地，它当时正在玩它的小球，我跌落在地的声音大概惊扰了它，只见它像个小箭似地飞到我身边，看见坐在地上的我，它发出吟吟的叫声，好像在问我："你怎么啦？你怎么啦？" 然后用它的头来拱我，希望能把我扶起来，接着又忙着把我甩掉的鞋子叼到我脚下。它急切关怀我的模样，让我心生感动。

当一位怕狗的朋友问我："养狗有什么用？ 除了花钱花时间养它遛它，狗能帮你做什么？"我居然一时语塞。

是啊，狗不能耕地、也不能产奶。要说看家护院，我们这么普通的人家又没金又没银，小偷都懒得光顾，就算小偷到我家，以鲍比的爱人情结，估计会和小偷一起把家翻一个遍，然后深情拥别。可是，似乎没有什么用的鲍比却以它最自然最纯朴的忠诚、顺服和爱赢得了我和家庭中每个成员的心。

它带给我的不仅仅是一点生活的小乐趣，而是对生命更深的认知。我不再只以一个人做的事的大小来评定他的价值。人和动物的价值大小不一定完全取决于他所做的事情，而在于他对他人的影响力。换句话说，人和动物拥有什么样的品质远比他们做了什么事情更重要。

狗儿们正是以它们特有的优秀品格赢得了我们的芳心，成为人类最亲密的动物朋友。鲍比是它们中的一员。今生我和鲍比有缘，它成了我的狗儿、我的良伴、我的老师。

真英雄

《哈奇：一个狗的故事》不仅是一部让我在观看时泪流满面，且以后想起它时，泪水依然会夺眶而出的感人电影。

这部电影由真实的故事改编，发生在上个世纪二十年代末的日本。好莱坞虽把故事的时代背景和地点改换成现代的美国，却保留了故事本身的精髓。

电影从一群孩子在教室里分享他们心目中的英雄故事开始说起的。在一个女孩讲完她心目中的英雄哥伦布的故事后，同学们都报以热烈的掌声。之后一个男孩走上讲台，他告诉大家："我心目中的英雄是我爷爷的一条狗，它的名字叫哈奇。"同学们听后都忍不住发出轻笑声，他们可能觉得有点可笑和荒唐。我猜想他们当时的内心独白可能是：狗怎么能成为英雄呢？英雄应当是像哥伦布那样勇敢和聪明的名垂青史的大人物。哈奇？哈奇是谁？一条狗也能成为你心目中的英雄？你也太没出息了吧！然而小男孩并不在意同学们的反应，他镇静地站在讲台前，娓娓诉说起这个名叫哈奇的狗的故事。

哈奇是男孩爷爷中年时在火车站发现的一条不知从何而来的迷路小狗。爷爷出于怜悯将其抱回家中，但太太坚决反对领养小狗。爷爷无奈想将其送人，然而一时间却无人愿意承担领养狗狗的责任。太太只能答应先生暂时领养，但最终却被丈夫对哈奇的疼爱所打动，同意哈奇成为家中的一员。哈奇一天天长大，与爷爷的关系亲如父子。每天上午它都要送爷爷到火车站去上班，下午又到火车站去迎接下班回家的爷爷。然而几年后的一天，爷爷在授课的教室里突发心脏病去世再也没有回家。哈奇在爷爷去世后，拒绝家中所有人的收留，固执地选择在火车站铁轨附近独自生活。每天下午他都会到火车站门口那个固定位置等著爷爷的归来。这样的等待持续了十年之久，直到它生命结束的最后一天。在它死后，它的故事就被人从东到西的传扬著。当地人甚至在它等待的地方为它铸了一个铜像来纪念它。

当男孩讲完哈奇的故事后，教室里一片肃静，孩子们流泪了。之后用他们热烈的掌声表达了对哈奇的敬意。哈奇也成为了他们心目中的英雄。哈奇的故事也引发我思考一个问题：什么才算是真正的英雄？在人类历史的长河中，很多人不是是用自己和他人的鲜血赢得一时的英雄称号就是用自己的聪明和才智赢得英雄称号的。而哈奇却以单纯的爱和忠诚就成为人们心目中永远的英雄。不能不说是一个奇迹。哈奇的故事让我意识到：真正的英雄是超越时代的、真正的英雄是不分国界的、真正的英雄是跨越种族的。只要一生都持守爱的真道，那么无论他是人是狗、是何种生物，有名还是无名，他就是真正的英雄。说到底，真英雄就是真爱的化身。

狗与中西文化

朋友们聚在一起常常免不了一个话题，那就是中西文化的差异。探讨久了就发现很多的差异只是文化现象的差异，本质上并没有太大的区别。只是有一种文化，在我看来是有着本质上的区别，那就是狗文化。

在中国若有人将你比作狗，那是一种极大的人格侮辱。在中国的成语和俚语中，只要有狗字出现的几乎都是贬义的。比如说：狗急跳墙、鸡鸣狗盗、狗苟蝇营、狗腿子、走狗等等。而西方则相反，有狗字出现的俚语多半是褒义的。例如：a lucky dog（幸运儿），a top dog（位居要职），clever dog（聪明的孩子），Dog doesn't eat dog（同类不相残），work like a dog（勤奋工作）。两方人士在截然不同的文字教育下成长，在实际生活中就有了对狗完全不同的态度。在中国，狗就是畜牲。唯一的功用就是看家护院。而在西方，狗是宠物、是人类最好的朋友。我甚至不止一次地听当地人说："A home is not a home without a dog"（没有狗的家就不是真正的家）由此可见，狗对于很多西方人来说有多么重要。

十几年前来到北美，在中西方众多的文化差异中，狗文化的差异对我的冲击最大。我从小受的狗教育就是如何防止被狗咬伤。加之母亲从小就常常向我们展示她幼年时被狗咬伤后留下的疤痕，所以狗给我的印象就是一种喜欢咬人的凶猛动物。到了北美，远远看见有人牵着狗迎面走来，我必绕道而行。我完全不能理解人为什么要养狗。

　　然而，近几年回中国，我发现在中国巨大变化中，有一个令人注目的变化就是城市居民养狗的人越来越多了。显然狗也走进了中国人的家庭，成为很多中国人家中的宠物。究其深层原因才发现：中国人并非生来恨狗。只是由于环境和经济的原因，让中国人渐渐疏远了这个千年朋友。试想，在居住条件极为恶劣，食物供应也极度缺乏的年日，人能活着都不易，怎敢再养一条狗？即便有些人家在那个年月能养狗，也很少善待其狗，狗最终成为饭桌上的一道美食。如今，中国经济的腾飞、住房条件的改进和西方文化的影响，让一个本来就很温和善良的民族重新审视这个全人类最早的动物朋友。

　　可见，文化的差异在很大程度上是受经济和环境的影响。文化的力量也不在乎其存在的年日，而在乎它的内涵。当两种不同文化相撞时，以爱为核心的文化就会有穿透力和影响力，取胜的一方一定是最有爱和包容的一方。

鲍比猎物记

　　狗儿鲍比最喜爱的运动就是到户外追逐其它小动物。只要一出门，它就开始东嗅西嗅，一旦发现目标，就不顾一切，奋力追逐。但追逐的结果常常让我们哭笑不得。

　　小时候，它追逐的主要目标为小鸟。追逐场就是我们家附近小公园的大草坪。春天的清晨，成群的小鸟在草地上觅食，它不管三七二十一直接冲进鸟群，鸟儿们很是惊悼，叽叽喳喳向空中飞去。鲍比锲而不舍地向小鸟们飞去的方向追逐。它圆墩墩的身子像个金色的小皮球在碧绿的草坪上滚动。大概鸟儿们在空中看着都觉得有趣，有大胆的鸟儿开始做低空飞行，有的在前有的在后，忽上忽下地撩拨鲍比，鲍比一个对付一群，结果自然是寡不敌众，每一次都以它累趴在草地上不能动弹为止。

　　这样的追逐活动从春天持续到一个秋日的清晨。那一天， 它和小鸟们继续着这样的追逐游戏。只是当它跃起挥掌时，一只小鸟不幸被击中，受伤的鸟儿掉在地上。本以为鲍比面对自己的胜利果实会欣喜若狂。不曾想，它对躺在草地上挣扎着的鸟儿，完全手足无措。像做错事的孩子无助地看着我们。

　　女儿捡起小鸟对鲍比说："鲍比，你应该为自己感到骄傲，你终于抓住了一只小鸟。"

　　鲍比没有被女儿的言语鼓舞。它惊恐地望着女儿手中的小鸟，一边"呕咐、呕咐"叫着；一边后退着。像见到鬼似地害怕。从此，不再追逐鸟儿们。

　　但他追逐的本性不改，改变的只是追逐的目标。他的第二个目标是不会飞翔的松鼠。松鼠们虽然不会飞但会爬树，每次当他快要抓住松鼠时，松鼠一滑溜地上了树，它只能望树兴叹。

　　一个冬日，带它到高尔夫球场玩，很久不见它的身影。正纳闷时，只见它远远地站在一个小山包上等我们，我们叫它，它慢腾腾地向我们走近，走近时才发现，它嘴里刁着一只大松鼠。这一回，惊恐的不再是它而是我和女儿。我们让它放下猎物，它瞥我们一眼，刁着松鼠蹬蹬地跑在我们前面，出了高尔夫球场，往家的方向奔去。跑一程回头看我们一下，看不见我们的时候，就丢下口中的死松鼠等我们，一旦看见我们，马上又刁起松鼠继续往家奔。无奈松鼠很重，在离家还有几个房子远的地方，被我们终于赶上，它再没有力气去刁回被它扔在地上的死松鼠。不过，这一次的追逐对它来说有点雪耻的意味，我们发现了它也有勇敢的一面。

　　最近野兔又成了它热衷追逐的目标。兔子既不会飞也不会爬树，但奔跑的速度很快。鲍比对付兔子的方式也有别于小鸟和松鼠。每次见到兔子，它不会立即冲过去，而是静静地站在原地，耳朵耸起，两眼直视目标，然后放低身子，悄悄起步，尽量不发声地靠近目标，到一定距离时，突然起跑，奋力追逐。鲍比奔跑的速度可以与野兔媲美，但兔子身形小，本能得往密林深处钻。鲍比 70 多磅的身躯常常被挡在丛林外。被追踪的兔子站在密林不远处静静地挑逗似地看着它。气得它常发出低低地怒吼："汪汪、汪汪。"

　　可是，前几天它终于在草丛中捕获到一只小野兔。它刁着野兔的神态与冬日刁着松鼠的样子如出一辙。这一次它依然奔跑在我们前面，所不同的是它一直紧紧刁着野兔，一直跑到家门口,才如释重负地把兔子扔在门前的草坪上，自己则躺倒在一旁喘粗气。当全家人围拢在一起观看它的战利品时，它悄然起身，回屋喝水去了。

　　面对鲍比的猎物，我们在哭笑不得的同时，也深深感受到不会说话的它对我们的爱和忠诚。

原乡故人

小蕾

小蕾是我初中同过一年学的同学。其实，早在我们同学之前，我就知道她。小学时，她是学校小红花宣传队的台柱。她轻灵的舞姿和维妙维肖的表演留给我极深的印象。所以，当初中转学进入到她所在的班级，一眼就认出了她。庆幸自己能成为她的同桌。

舞台下的小蕾其实非常的腼腆，说话轻轻柔柔与舞台上星光四射的她判若两人。我和小蕾的友谊是在彼此坦诚共同的秘密--胆怯和爱哭后而更加亲密。两个胆小又爱哭的女孩在相伴之后突然变得勇敢起来。放学后不仅偷偷地跑到当地的越剧团去观看演员们的排演，还敢在小镇陌生的墙门里穿梭闲逛。

一个午后我像往常一样拐到她家喊她一起去上学，应声而出的小蕾，手插在口袋里，绯红的小脸上有难以抑制的欢喜。刚走出家门，她就从口袋里掏出一只金黄色的小香蕉在我眼前挥舞道："莉莉，你看。我舅舅今天来看我姆妈，她生病了，这是姆妈分给我的香蕉，我没舍得吃，就等着和你一起吃呢。"说完就把香蕉一分为二，将一半塞到我手里。那半只香蕉留在我唇齿间的香甜让我终身难忘。

一年后我离开了小镇，我和小蕾的友谊却未因此而结束。之后的一年间偶尔还收到她的书信，信的最后总有一句：愿我们的友谊地久天长。每一次投注在这句话的时间都很长，对于常常游走于各城市和学校间的我想要保持一份地久天长的友谊真是不易。最终我们之间还是断了音讯。

再遇见小蕾时，她已成了当地纺织厂的一名女工。看着娇小玲珑的她，

我问："纺织厂的活是不是很累？"

她说："还好。"又问："是不是很闹？"

她道："是，一开始不习惯，现在习惯了。"眉宇间有淡淡的忧愁。因为相聚匆匆，没有机会去了解其中的缘由。

又一次离别，再一次听到她的音讯时，我已定居温莎。一天，接到一个电话，电话的那头传来一声柔柔的问话："请问这是莉莉家吗？"

"是"我答道。

"莉莉，你猜我是谁？"她问。

那样轻柔的吴侬软语，还能是谁？在我突口说出她的名字后，电话的那头传来欢快的笑声。"莉莉，这么多年了你还能听出我的声音，我真高兴！"小蕾笑道。是啊，过去的那么多年，想起小蕾的时间并不多，然而，就这一声轻柔的问候，她的音容笑貌就如眼前。

人，很奇怪。有时刻意要去记住的人和事，转眼之间就忘却了。而以为已经淡忘的人和事，其实一直在我们的心里。小蕾就是这样一个不经意间就进入我心里的人。在电话里，她告诉我，她偶然遇见了我姐姐，知道我出国了。她的一个姑妈也在美国，很辛苦的。所以，很担心我也会很辛苦特意为此打电话来问我是否一切都好。国外生活多年，接到过很多熟和不太熟的朋友从中国打来的电话，但特意来电话关心我的健康与快乐的朋友只有两个，小蕾是其中之一。挂上电话后，我很自责。自问："为什么小蕾在自己并不完全如意的状况下，依然能关心一个远方的少女时代朋友？""为什么我从未想起去问候远方的朋友？"是的，我可以用很多的理由为自己辩护，然而没有一种理由能让我安心。

回国探亲的时候，联系上了小蕾。得知她已离开纺织厂，在百

货公司出售服装。参观了她装修漂亮的新居也见到她能干帅气的丈夫，只是没有单独交谈的时间。匆匆的小聚又匆匆的道别。

之后不久，收到她为我们一家特意摇织的三套羊绒内衣，她告诉我她开始做羊绒衣生意了。两年后又见了一面，依然是匆匆。然后就是音讯全无。但我知道她始终在我的惦念中。终于有了大把闲暇的时间，决定回国好好陪陪父母的同时，也见见那些一直在心里的朋友们。

回去后，联络上了她。很快就看见开着一辆白色小车的她出现在家门口。她，一身素雅的装束，短发，一副眼镜给秀气的脸庞增加了几许书卷气。人胖了些但依然的娇小。她将我载到一个有着小桥流水，有着桂花飘香的聚现代与古典为一体的餐厅。我们终于有时间可以面对面的独处，在彼此笑望对方的双眸时，三十多年时空铸造的距离顷刻间消失。两个单纯的灵魂再一次相遇。静静地听她讲述这么多年所经历的坎坷人生，感动她在面对和穿越了那么多困难和挫折后，心里依然有炽热的爱和浓浓的情。惊讶于我们走在完全不同的人生道路上，却有着相似的心理路程。或许，生活要我们每个人所学的功课都是一样的。只是课程的形式不同而已。

小蕾邀我去她的店看看，我欣然答应并随她前往。她的店设在一条小街的门面房里。店面不大却布置的大方雅致。对街的那面墙上成列着几件十分可爱别致的孩子衣裙。那是她亲手所织，非卖品。若有人希望拥有，可以到她店里来，她免费教她们如何编织。店门开后不久，就不断有顾客前来定衣。间或还有携带着织品的朋友前来聊天帮忙。小小的店里充满了女人的笑语声。一个坐在她店里织毛衣的女子对我说："我每天都要到小蕾的店里来一下，不然就觉得这一天白过了。"

小蕾在忙着为顾客量身定衣的间隙还不忘为我倒茶，拿点心。望着她忙碌而沉静的身影，我知道她经营的不只是一家出售羊绒衣衫的小店，她用她的真诚和善良经营着一个比羊绒更柔更暖的和谐小天地。小蕾让我看到了一个真正意义上的成功女人。

忆西塘

这个世界上有些地方你没去过，却朝思暮想；有些地方，你去了回头就忘了；有些地方，你去了就不想走了；有些地方，你去了还想再去。西塘就是那个我去了还想再去的地方。

其实，那个秋日的西塘并没有给我特别的惊喜。虽然天很蓝、风很柔，空气中还飘着淡淡的桂花香。可那天正遇上汉服文化节，整个古镇充塞了许多穿著风格迥异的汉服游客。我一向不喜人多，挤在人群中，走着走着就失去了很多兴致。

然而西塘却以奇特的方式走进了我的梦里。一天，在梦中看见自己坐在一条乌蓬船上，清清的河水碧波荡漾，河两岸是错落有致的白墙黑瓦民居，有似萧又不是萧的乐声飘浮在河面上… 梦醒了，想起那个梦中美景不是天堂是不久前才拜访过的西塘。我有点愕然。

原来西塘是有魔力的。匆匆一瞥后竟能钻进梦中来提醒我它的存在、它的美丽。仔细回忆：西塘真得很美。美在它一窗一棱的精致、美在它一墙一瓦的素洁、美在它一波一桥的秀丽。它不是浓墨重彩的油画而是一幅淡淡的水墨画。行走其间仿如置身画中。那被命名为"烟雨长廊"的廊棚总长达 877 米。廊棚从街头面延伸至河边，圆木柱支撑着一层斜斜的屋面（即"一落水"）。廊棚为砖木结构，中间有一段最为出色，有翻转轩两层雕刻花纹。廊一侧沿河临水，一侧是商户，有杂货店有客栈。当我侧头看河时，看见一艘艘载着游客的乌蓬船悠然划过，还有机敏的鱼鹰在河面上翩然起舞。那一刻，让我感觉回到了江南最初的生活形态里。然而将目光转回商铺，我又瞬间穿越了几十年时光，回到热热闹闹的现世。杂货铺上摆放着各式各样廉价的记念品和地方小吃。我看见有用塑料袋包装的一小捆淡绿色像细竹的东西在出售，好奇地问商家："这是什么东西？"答："土烟"。后来发现，有一家货铺居然在土烟旁贴上一句口号："是爷们就来包土烟"。而每家客栈的门口都会挂上一些吸引人眼球的语录。比如："不要问我为什么来西塘，因为这里离西天近。"等等。这可算是商家强加给千年古镇的流行元素。

西塘不仅有水有桥有廊棚，还有很多宅院，而宅院之间就形成了长长的弄。西塘有长短不一的弄共一百二十多条，而其中最有名的就是"石皮弄"。石皮弄建于明末清初，用 168 块石砖铺成，全长 68 米，最窄的地方仅有 80 厘米宽，据说由于石弄的石板路下有一条薄如皮的石板作为下水道的表皮，故称其为"石皮弄"。正因为有这条"薄如皮"石板，才使得全弄在雨天不会有积水。我走在这古老的窄窄长长的石砖弄中，仿佛穿越了时空，走进了儿时故乡窄窄的墙门。墙门的建筑结构有点像冰糖葫芦。进口和出口都是一人宽的窄巷，中间串着的是三四个独立平行的四合院似的民居。解放前一个墙门规属于一个家族，故墙门大都以姓氏命名。比如：卞家墙门，李家墙门等等。西塘的幸运是：整个古镇被完整地保留下来。而同处于江南之地的故乡就没有了这样的幸运，小镇所有的老街和古老的墙门都全部被拆毁。我只能在西塘寻找一点故乡旧时的身影。

在西塘大大小小的宅院里，居然有一间被做成是历朝历代纽扣的陈列馆。这间宅第的主人原本就是纽扣商。选择他家来讲述一下纽扣的发展史当然是最合适不过了。我看着那些大大小小形状材质各异的纽扣，发自肺腑地赞叹中华民族博大精深的文化，连一枚小小纽扣都能如此精益求精。赞叹之余，想起一件自己与纽扣的故事。我母亲年轻时喜欢收集纽扣。一次她整理箱子，年幼的我发现在箱底藏有一包五颜六色大大小小的扣子，当下就喜欢得不得了。把它们偷出来当玩具玩。一次，我不小心把一颗红红圆圆似玛瑙的纽扣放进鼻子里，怎么也拿不出来，急得乱叫。幸得隔壁的叔叔将我抱着急奔医院才不至于命归扣子。

　　这一件我以为早已被遗忘的往事在西塘居然被忆起，不能不归功于西塘孕藏的文化底蕴。其实，小小的西塘值得看值得回味的地方还有很多。只可惜那一天行色匆匆，没有更多的时间与它耳鬓厮磨。然而它却以梦的方式让我忆起它的秀丽、它的韵味、它的深邃。

　　于是，我知道：我还会再访西塘。在一个宁静的清晨，再一次去聆听它古韵悠长的千年绝唱。

回家的路

　　每次回中国，回到自己曾生活过 20 多年的城市，都有种找不着北的感觉。好在有计程车司机的存在，他们帮助我减去了许多回家寻路的麻烦。

　　可最近回家，我一出车站就傻眼了。计程车的影子都看不见，就在我四处张望的时候， 有几个灰头土脸的男人向我走来，问要不要坐车。上下打量他们一下，我本能地摇了摇头。我可不敢将自己和行李交到这些没有车、没有表情的人手中。

　　男人们退去后，一个矮小的、穿蓝布衣、梳着两条与年龄并不相称的齐肩发辫的女人笑眯眯地向我走来，张口就问："小妹，到哪块儿去啊？我带你去哈好啊？"

　　我一听就是近郊农民的口音，不知为什么，这乡音居然拥有了一种不可抗拒的魅力，我几乎不假思索地回答："好啊！"

　　她问："你是来出差的卜？你要到哪块儿去啊？"

　　她这一问就把我的乡音逼出来："不是出差的，是回家！"

　　"哎哟，你是我们南京人啊。不说话，我还以为你是外地人呢。"她那张黄黑的布满皱纹的脸立时笑成了一朵菊花。

　　这位看上去 60 多岁有着菊花般笑容的妇人竟一下打破了我的戒心。我告诉她我要去的地方，然后就乖乖地跟在她的身后去找她开车的老公。

　　事实上，在找到她老公之前，我就看见了等候正规计程车的人群，只是，我的好奇心已经被这个女人调动起来，很想了解一下开黑车的人群。

　　我跟着她走到车站旁的一个僻静角落，有几辆车散落地停靠在那儿。她将我带到一辆银灰色的小面包车旁，冲着车内一个和她年龄相仿的男人喊道："哎，老头，把这个姑娘送到裕顺小区，收她40元啊。" 说着，她就麻利地把我的行李一下拎上了车。看我在后座上坐好后，她拉上车门，对我一笑转身离去。坐在驾驶座上的男人一言不发地发动了车。

　　我坐在车上朝车窗外张望，一开始窗外的街道景色还有几分熟悉，越往前开越觉得越陌生，我心里有点紧张起来，开始懊悔自己的草率决定。为什么如此天真地相信了一个陌生女人的言语和笑容？为什么如此轻率地就上了一辆没有营业执照的黑车？

　　街景越陌生，我心中的恐惧感就越强。他该不是坏人吧？如果他是，我该如何应对？

　　为了减轻慢慢袭上心头的莫名惊恐，我故作轻松地用聊家常的口气问开车的老头：老师傅，你不是出租司机吧？"

　　从后视镜上，我看他笑了一下，然后用乡音回答说："我不是出租司机，我是给学校送电脑的。"

　　我反问："那你送罗我，怎么送电脑呢？"

　　他说："现在是中午时间，没得人要送电脑，我就利用这个空档拉点散客。"

　　"哦，生意哈好做啊？" 我的心有点放松，又问道。

　　"马马虎虎，我也不是每天出来，家里忙的时候就在家干活，莫的事就出来拉点活，带带人。"

　　"你带人，那你不是跟人家出租司机抢生意了。人家不跟你们闹吗？"我忍不住好奇地问。

"要是摆到以前肯定会。现在他们忙死喽，也忙不过来。车少人多。你刚才看见了卜，多少人在等车？"

闲话聊到这儿，我的心情放松了许多。恐惧也烟消云散。

"刚才那个女的真是你老婆啊？"心情一放松，我就开始八卦。

"是的耶，不是我老婆还能是什么人？我们农村人又莫得你们城里人的花里胡哨，搞什么外遇什么的。"没想到这个看上去有点闷的男人说起话来还有点幽默。车内的气氛一下轻松了许多。

可是，把我送到家并不容易，因为没有门牌号码只有小区名字。南京正在筹备 2014 年国际青奥会，整个市区俨然已变成了一个建筑大工地。好在这个被老婆称为老头的男人耐心十足，在不断开窗问路人的情况下，最终将我送到了小区门口。

当我将 40 元钱递到他手中时，不好意思地感叹道："三年没回家了，都找不到回家的路了。"

他略带惊讶地说道："我还在奇怪呢，哪个人能不认识回家的路呢？原来三年没回家喽？那是肯定不认得喽。南京现在变化多大？我每天开车还经常迷路，更不用说你喽。"

他真诚地笑着，然后很好奇地问我："你在哪个地方工作啊？"

我诚实地回答说："在美国。"

"哦，这么远啊！"他睁圆了一双不大的眼睛叹道。然后，用家人般的语气对我说："再远，也要常回家看看。要不然，你又要找不到回家的路喽。"

老头话中的"常回家看看"像一只温暖的手拨动了我的心弦。

抬眼看看灰蒙蒙的天空，我心想：是啊！无论回家的路变得多么遥远、多么陌生，但家终究是我们血脉相连、乡音难改的地方。常回家看看是故土和亲人对我们最深情的呼唤。

父亲节的礼物

从小到大与父亲在一起相处的日子不多。父亲在我童年的印记里是陌生又匆匆的身影。一年一度与母亲的鹊桥相会，我只当他是家中的一位远道而来的访客。少年时有机会和父亲在同一个屋檐下相处，却有着挥之不去的拘谨与客气。再一次的分离，父亲在我青春的眼里是一位严厉却满腹爱心的老师。

记忆里，父亲的厨房是一间为他学生开放的小型食堂。中午晚上总有学生前来就餐父亲烧饭做菜的麻利手脚估计就是这么训练出来的。常常纳闷:微薄薪水的父亲怎么没有因此而入不敷出。很久之后才明白了一条人生的真理："给予的人永不缺乏"。父亲是这条真理的实践者。

为人妻为人母后，对父亲的了解加深。他生命的旅程并非坦途，只是在人生的风雨中学会了淡然处之，在平凡的岁月里懂得了知足常乐。很多像他一样的知识分子对过去的创痛总是耿耿于怀，问他，他只是面带微笑地说："斗总是要被斗的，不过还好……" 几句话轻轻带过，没有一丝怨恨。父亲的大度让我感动。

对人宽厚的父亲有著非常敏感的内心，每一次亲人的离世他都是悲伤最深眼泪最多的一位。劝他节哀，他说:会的，只是不舍。在海外飘泊十多年，每一次遇到挫折都忍不住打电话给他，有时什么也不说，只为了听他爽朗的笑声和家长里短的信息，它们总让我感觉到平凡生活的美好，也总能帮助我走出人生的低谷。

　　前几天因为要回国打电话问他，需要什么东西我可以买给他作为礼物。他如常地回答："不需要，什么都不需要，你轻装回来就好。" 随后是朗朗的笑声。在一番随意的闲聊中，他突然说了一句："即使一无所有也要快乐生活。" 这句话如此深刻地打动我，捧著电话禁不住泪眼朦胧。

　　是的，即使我们一无所有，我们也要快乐生活。你看那天空的飞鸟，你看那野地的百合，它们拥有什么？却能在风雨中蓝天下尽情地歌唱和绽放。父亲的这句话是他七十年生命的感悟，也是他一生的写照。

　　我能拿什么给我年迈的父亲作礼物？我不知道。唯一能做的就是借这篇小文表达出我内心对他的爱和敬仰。在父亲节来临之际，对他轻轻地说一句："爸爸，父亲节快乐！"

节日的乡愁

春节又要到了。每逢这个时节，我的思乡情绪就会在心底慢慢泛滥。记得出国的第二年春节前夕，还在做学生的我放学等公车的时候，望着蓝天白云，一首旋律就在心中回荡："天边飘过故乡的云，它不停的向我召唤，当身边的微风轻轻吹起，有个声音在对我呼唤，归来吧归来哟，浪迹天涯的游子…"这首曾经听过无数次的歌曲那一刻让我泪流满面。第一次如此深刻地休会到"每逢佳节倍思亲"的个中滋味。

这种节日的乡愁犹如潮汐，随着佳节的到来和离去潮涨潮落。究其原因，首先我的记忆中有着太多与节日相关的美好回忆。其次，每当佳节来临，中国商铺就会摆上一大堆与之相关的商品来提醒你：节日到了。中秋节是各式月饼，端午节是各式棕子，春节是各式年货。一看见那些商品，思绪就会随之飞扬。那些我以为早已被自己遗忘的往事就会浮上心头，让我不自觉地思乡，不自觉地乡愁满腹。

乡愁在少年不识愁滋味的年龄是很难体会的。几乎所有年轻的心都有着一个梦想：我要飞得更高飞得更远。仿佛只有离家越远，生命才越有价值和意义。然而，当他们转身离乡的那一刻，故乡的印记已悄然烙印在心底。乡愁不在只是一种看不见、摸不着的情愫，而是因人而异的具相表达。

乡愁可能是离人眼中的春草--"离恨恰如春草，更行更远还生"、也可能是思乡人眼中的月亮--"举头望明月，低头思故乡"；乡愁可能是孩童手中一枚小小的邮票—"我在这头，母亲在那头"、也可能是新郎手中一张窄窄的船票—"我在这头，新娘在那头"。

对于吃货们来说，乡愁可能就是一道家乡的美味。越老越思念。我父亲告诉我一个故事：家乡古镇有一位年轻的镇长，解放前夕跑到台湾。三十年后想回乡又不敢回。最后托人带给他思念了整整三十年的家乡小食"拖炉饼"以解其乡愁。

可见，对于游子们来说，乡愁是有着实实在在的内容和载体的。而我的乡愁每到春节，就是那些全家族人欢聚一堂的时刻、那些香香甜甜的糕点小吃、那些此起彼伏的炮竹声、那些飘荡在家家户户街头巷尾的食物香气；我的乡愁每到端午，就是父亲手中的小脚粽、胸前挂着的那枚咸蛋、眉心里点着的那一抹黄、家门前挂着的艾草和菖蒲；我的乡愁每到中秋，就是家乡的五仁月饼和一树一树的桂花飘香。

乡愁啊，对于远离祖国的游子们来说，就是那剪不断，理还乱，才下眉头，却上心头的对于故土的永久思念。

范进的爸妈

夏天回中国，正碰上高考分数发榜不久。姐姐的好友阿欣的儿子华考了 674 的高分，阿欣无比激动，忍不住邀请几个亲密朋友小聚分享她的快乐。我有幸也被列入被邀请名单之中。

那日，我们一行人驱车前往一座三层楼的餐馆，一进大门便被迎宾小姐带到二楼一包间。阿欣妹妹招待大家坐定，姐姐问："阿欣在哪？""接儿子去了，马上就到。"话音刚落，包间门被推开，一短发女子昂首挺胸，神采亦亦地走了进来，后面跟了一个瘦瘦高高略带羞涩表情的人男孩。就在这当口，座在我旁边的几个女子同时喊道"复旦妈妈终于来了！"短发女子微笑道："不好意思，让你们等。刚刚接到上海交大的电话，让我儿子报他们，专业随挑。可华本来的梦想就是复旦，我们前天已经答应复旦招办的人，去他们学校数学系。可这两天好多学校给我打电话，如：香港大学，同济大学等等都开出很好的条件让华去，我们现在都不知道该选那一家了……"

望着滔滔不绝的阿欣，心里不免惊讶道：人逢喜事精神爽，阿欣真是活样板。记忆中的阿欣——脸一直是黄黄的，精神也很萎靡。每次聚会总迟到，话也很少，常报怨当医生辛苦。可今天的她真是判若两人。把想法告诉一旁的姐姐。她笑道："你没看到前两天的她，还要神气呢！这几天没睡好觉，精神已经不如前两天。"就在大家谈吃得欢的时候，一中年男子推门进来，把手搭在华的肩上，低头对华说："儿子多吃点！这两天你可让爹扬眉吐气啦！来，让我敬敬你！"说着便端起桌上的小酒杯向儿子挥了挥，一仰头喝完杯中酒。"你儿子考得这么好，这两天要你请客的人不少吧？"一女士调侃道。"多，天天收到电话和短信，我准备在餐馆门口贴一告示，"凡认识的人免费，不认识的人半价。"中年男士笑说。

我连忙低声问姐姐："他是小欣老公？他是这的经理？"姐姐答："是，不过，他可不仅仅是这儿的经理，他还是这儿的老板。"真得很惊讶小欣的老公是开餐馆的。姐姐那帮朋友隔三差五就爱聚一块搓一顿，朋友也是今天你请明天我请的，从未听说阿欣请过客，更不知她老公是开餐馆的。难怪那天姐姐的几个女友笑说："这两天阿欣请客请疯了，过两天不会后悔吧！"阿欣节俭是出名的。正想着只听阿欣叹道："我给成峰打电话问他儿子考得如何，他居然说他儿子这次没发挥好，没有考到我儿子的高分。好象要是他儿子发挥好了便会超过我儿子。可他儿子平时的成绩就不如我儿子，怎么好意思跟我儿子比？我现在也不便给别的人打电话，你们帮我去问问他们孩子的分数。""妈，不要。"华闷声闷气的接口道。"为什么不要？考试前各个在我面前说他们儿女多么优秀，分数下来了，都没声了。你们知道吗？这两天是我生命中最幸福的两天，这么多年的压力和忧虑全都消失了……."

看着动情的阿欣，心里不由泛起一股酸楚。抬眼望望阿欣的儿子华，他那瘦削的脸上挂着一抹疲惫的微笑。我突然想起了鲁迅先生笔下范进中举的故事。范进一个生活在封建科举制度下的书生，为了成为举人，不得不年复一年地赴京城赶考，直考到人生半百过去，终于有一天收到了中举通告，可他却喜极而疯。千年的悲剧难道又以另一种形式再现了吗？我忍不住悄悄离席，轻轻推开餐馆大门，望着眼前被太阳照得如镜面般发亮的纵横交错的道路，心中默默地祝福着所有上榜和落榜的孩子们……

丽江故事

到丽江本来只是想看看美景、晒晒太阳和发发呆。没想到，在观美景和发呆的同时还遇见了一些人，他们的故事让我回味至今。

小倩姑娘

第一次见到小倩是在客栈一进门的客厅里。她静静地坐在藤椅子上，面朝窗外，若有所思。她如雕塑般的坐姿让我忍不住悄悄地打量她：清瘦的不施粉黛的脸，一头黑黑发亮的短发。是一个不十分漂亮却很清秀耐看的女孩。当时就想：这么年轻就可以如此安静，难得。当时，我以为她如我一样也是客栈的客人。

直到晚上回客栈，她笑盈盈邀我们喝茶时才得知：她是客栈新聘的客服经理。她一边娴熟地为我们烹茶沏茶，一边和我扯起了家常。从闲聊中我得知：她是江西人。大学毕业后不久，偶然看到丽江的照片，立刻就被它的小桥流水和高原风情所吸引。于是请假从江西飞来游玩。那一趟旅行改变了她人生的行程。她回到江西辞去工作，又回到丽江。在丽江认识了一群和和她一样远离家乡热爱丽江的年轻人。他们在丽江找一份能养活自己的或长或短的工作，然后一旦发现有更吸引自己的地方，就辞去工作前往。小倩这次是从西藏回来，在那儿她度过了一个夏天。

我问："你不是说你也很喜欢西藏，感觉自己前生就是藏族姑娘。为什么又回丽江呢？"

她笑着说："西藏的冬天没法呆，太冷了。必须回丽江避寒。"

然后她和我讲起她旅途中的种种艰辛和快乐。

为人母的我出于本能地问她："你这么跑来跑去，父母不担心吗？"

她低下头轻轻地说："不告诉他们呗。这次我到西藏他们就不知道。"

我有点穷追不舍地继续问："那他们赞同你这样的生活方式吗？"

她调皮地一笑："他们当然不希望我这样飘来荡去，可他们也没办法说服我。我的人生我做主。"

看着娇小文静的小倩，很难想象她是一位内心如此强大的独侠客。

最后一次和她闲聊，我还是忍不住问她："你会一直这么生活下去吗？"

她看着我很肯定地说："不会。三十岁我要找一个爱的人，结婚、生子，过正常的工薪族生活。"

出租司机

在丽江的大研古镇游荡，总有人向我们提起白沙镇。尤其是外国游客，似乎对那儿情有独钟。于是我们下定决心要去一探究竟。据说，大研与白沙相隔不远，有公车来往。但由于对当地公交线路不熟悉，加之时间有限，我们决定乘出租车前往。出租司机是一个脸色黝黑、笑容可掬的中年汉子，十分健谈。他的普通话里居然还带有一点京腔。

我好奇地问他："你是当地人吗？"

他很自豪地说："当然，祖宗三代。"

"那你的普通话从哪儿学的？"

"我家老房子的租客。"他说。

他一边开车一边对我们讲述他家的故事。 他和他的妻子曾经都是下岗工人，生活一度陷入危机。和工友们多次到市政府去静坐示威，但效果甚微。真正改变他们命运的是 1996 年的那场大地震。大研镇上很多房子倒塌了。因为这次地震，丽江古城出名了。97 年被列为世界文化遗产后，更是声名鹊起。来自世界各地的游客蜂拥而至。他家被一对来自北京的老教授夫妇看中，当即出价 50 万包租他们在古镇的家 5 年。

他侧头两眼发光地对我说："50 万啊！ 那时候 50 万多值钱！。我们拿着这 50 万就在新城买了一大套房子，全家搬了过去。把古镇的家租给了老教授。"

"现在老教授还租你们家吗？" 我好奇地问。

他说："他们太老了，来不了啦。常住北京了。现在他侄儿续租我的房子作客栈。当然租金比当年高多了。不过他有钱，不靠客栈养家糊口。他喜欢丽江的生活方式。我们打猎放鹰喝酒都会叫上他，就像家人一样。"

我说："你这带京腔的普通话是不是就是和他练成的。"

他哈哈大笑："对，有他一半功劳。还有你们这些乘客的功劳。"

接着他感慨道："地震前，谁会想到我们还能过上这么好的生活。要说我们还真是'因祸得福'。只是那些在地震中死去的人没享到现在的福。 可惜啊！ "

听着他的感慨，我一时无语。中国近二十年的巨变有多少人能预测到呢？

沙蠡的家人

白沙镇是丽江三大古镇最古老的一个镇，有着 1200 年的悠长历史。一到白沙就被它原始古朴的自然生态所吸引。它没有丽江大研古镇和束河古镇的摩肩接踵、也没有商贩饭店的吆喝声、更没有酒吧林立的喧哗声。白沙就是一个安安静静座落在雪山之下的古朴纳西族小镇。

　　我们毫无目的地在小镇上闲逛。突然有丝竹旋律声从一个院落传出。我们循声而去，走进了一家很大的院落。院落里有几张四方桌，桌边坐满了中外游客。一个头戴旧毡帽，身披兽皮马甲的纳西汉子正认真地吹着一个似笛子又不是笛子的乐器。后来才得知，那是纳西族的一种古乐器。

　　环视院落，最吸引我目光的是屋檐下长廊里陈列的一幅水彩画、一张彩色的大照片和堆放在长条木凳上的一本本旧书。水彩画画的就是眼前的院落。大照片里有两个男人。一个就是眼前的中年汉子，另一个四方脸有着敦厚笑脸的人不知道是谁。拿起书，发现书的作者都是同一个名字---沙蠡。

　　"来来，坐下。喝杯梅子茶。我们这儿的特产，酸酸甜甜。很解渴。"对着我们热情吆喝正是刚才吹古乐的中年男子。

　　他一眼瞥见了我手中的书，很开心地问："你喜欢我哥哥的书？"

　　"你哥哥？"我有点莫名其妙。

　　"对呀，沙蠡是我哥哥。我们俩从小就在这个院子长大。唉，现在他走了，只剩下我还守着这个老房子。"

　　听了他的话，我才恍然大悟：原来这是作家沙蠡的老家。我们决定留在他家吃个中午饭。当沙蠡的家人为我们做好了他们家传统的好菜：木瓜炖鱼、山椒莲藕后。沙蠡的弟弟坐到我们旁边和我们聊起了天。

　　沙蠡的弟弟有一张轮廓分明的瘦长脸，他慧黠的眼光里总含有一抹笑意。一看便知：他是一个乐天的人。

　　他说："我哥这人就是迷写作，从小就迷。我不喜欢读书，我喜欢踢球。我哥其实也喜欢踢球，不过他踢得没我好。我参加过丽江青少年组。"

　　"你哥从小就写作？"我问。

　　"从小就喜欢，13 岁他写了两篇稿子去投稿没被选上。可我觉得他的那两篇文章写的挺好。我挺佩服他的。"

　　"那你哥除了写作，还做过什么？"我一脸无知地问。

　　"他做过的事多啦。他当过兵、当过工人、当过农民、到了 80

年代才正式成为专职作家。他可用功啦， 一天到晚都在写。硬是把自己写病了写死啦。"他说着叹了一大口气。

然后又摇摇头苦笑着说："一个人一个命。他喜欢那样的生活，谁也拦不住。让他休息他都不休息。不过，他这一生也不亏，那儿都去过，北京、上海还有美国。。。可我除了昆明，那儿都没去过。我还没去过北京呢。"

我说："那你去呀。为什么不去呢？有这么大一座院子，有这么多客人，你不会没有钱吧？"

"有钱，现在我们都有钱了。对，我应该去趟北京。"他似乎才恍然大悟他有钱了，可以去北京了。随即他对着厨房间大叫："老婆子，我们过年去趟北京吧。"

没有回应，厨房里传来一阵煎炒声，想必他的老婆子还正忙着为其它客人们煮食呢。

在丽江除了小倩、的哥和沙蠡的家人，我们还结识了在西藏波密开咖啡馆和酒吧的川妹子和她的未婚夫。 他们半年开店半年旅行的生活让我和先生惊叹不已。还有英文说得比普通话还好的藏族导游扎西、 长相酷似电影演员陈坤的酒吧歌手阿黎等等， 他们每个人的经历都是一段动人的故事。

一想起他们，我的耳畔就会响起一段熟悉的旋律：

小城故事多

充满喜和乐

若是你到小城来

收获特别多

看似一幅画

听像一首歌

人生境界真善美这里已包括

歌中的小城就是丽江最真实的写照。丽江拥有着听不够、说不完的故事……

职业走秀人

看完最新一期的《超级演说家》后，我的脑海里蹦出了"职业走秀人"这个名称。我不知道在中国是不是有这么一种称谓。但在我听完一位名叫刘寅的选手的演讲后，这个名称就自动出现在我的脑海里，与这个穿着蓝白相间 T 恤衫的青年男子挂上了钩。

是的，刘寅。一个曾经在中国达人秀舞台上深深感动过我的大山里的支教老师。

当我在《超级演说家》的舞台上再次见到他时， 我有点发愣。怎么又是他？这次该不会又是要为孩子们买肉来吧？他演讲的题目是"一个你不知道的地方"，内容当然是与支教有关，与大山里贫困的孩子有关。这是他在秀台上的亮点，也是他每次成功的理由。

可这次，他没能让我感动。不是因为他讲得不好，而是因为他讲得太好。好得让我对他所说所唱所做的一切起疑。

如今在中国，各类选秀节目多如牛毛。很多选手就是在不同选秀节目中来回奔波，渴望通过选秀节目一夜成名或改变命运。虽然我对他们的所作所为不能完全苟同，但这纯属个人选择，旁人无可厚非。

然而，在我看见了刘寅尤其是听完他在讲演完后说的一番让众人感动得热泪盈眶的话后，作为也曾被他感动过的"粉丝"，就不得不摸着良心站起来说两句。

先将他说的原话在此回放一遍："我对支教有自己的看法：支

教不是一种旅行。如果你选择了一座大山，你选择了一座学校，那么你肩上扛的是社会的责任。而不是说去了一个学期之后，我去实践了一下，不好意思，我有我的事情，我要走了。我个人认为：给予别人希望，然后再让别人失望，是一种极大的可悲……"

好，听完了他的话，让我们再看看他的背景资料。据他在媒体里的自我介绍，他今年 32 岁，四川洪雅人。初中毕业，原是一个小混混（浪子），2009 年开始到偏远的大山里支教。在支教中发现了自己生命的意义。他在 2011 年 11 月参加《中国达人秀》，2013 年 11 月参加《中国梦想秀》，2014 年 4 月参加《超级演说家》。

支教 5 年， 他换了多少学校，我没有统计数字，但绝对不止一所。

那么，在他选择离开时，他是否就是那个给人希望又让人失望的人呢？

作为一名教师，短短 5 年却参加了 3 个全中国最有名的大型综艺节目。我不得不问："他哪来的这么多时间？"很多年前，曾在《感动中国》节目里看到将一生奉献给乡村的老师们忙碌的生活。他，难道就是他们中最空闲的一位？

如果今天的刘寅也像其他年轻人那样，单纯地靠着自己的才艺奔走于各大秀场，我不会有任何异议。而刘寅却是不断拿着贫困山区的孩子们作为自己的道具和谈资，我就不得不对他说的比唱的好的行为提出质疑：你究竟是一位支教老师还是一名职业走秀人？

说白了，做一名职业走秀人不丢人，做一名支教老师很光荣，但做一名名义上的支教老师、实际上的职业走秀人就有"挂羊头卖狗肉"的欺诈嫌疑。

更让我感到不可思议的是，每一个综艺节目的主持人或导师或评审官仿佛都是在见到他后才发现中国贫穷山村的孩子们有多么可怜、有多么需要能教育他们好好做人的老师。他们被感动的表情与热泪让我感觉到：刘寅一次次走秀成功，不仅仅是他需要这些节目，而是中国的节目需要他这样的人。

　　中国贫穷山村的教育问题是一个需要被关注的严峻的社会问题，绝不是一两台综艺节目或几个大款名人的几滴眼泪和金钱就能改善的事情，它是需要政府、大众以及许许多多乐于奉献的教育工作者们共同努力才能完成的一件千秋大业。所以，我们当以诚实的心面对自己、面对他人，我们能做什么就做什么。千万不要为了自己个人的名与利拿贫穷的孩子们说事。那是不道德的。

美女的传说

意大利电影<<Malèna>>（中国译名为<<西西里美丽的传说>>）用很多镜头来表达女主人公玛莲娜的惊人美貌，其中用的最多的就是玛莲娜无论走到哪里，哪里就有少年人的尾随和成年人的注目。这些场景让我想起小时候类似有关美女的经历。

70 年代的中国人穿着都很朴素，色彩也很单调。但这并不意味着人们失去了对美的向往和追求。那些文工团宣传队的美女们总是悄悄地把肥大的衣裤改小，改得不引人注目的合体。小学的时候，我的一个好朋友不停地在我面前吹嘘，她爸爸工作的单位有个大美女。她特别美，美得不管走到哪儿，风都迎着她的脸庞吹。

那时候没有什么娱乐，看美女成了我们这班黄毛丫头的业余爱好。有一天，她很神秘地对我说："今天放学后带你去看美女和她妹妹。不过她妹妹没有她漂亮。"那天，我的心情很激动，终于可以见到被好友吹得神乎其神的大美女了。一放学，她就带著我直奔她爸局里的小礼堂。我们躲在小礼堂的一角，看着美女和其他宣传队成员们排练。美女虽然没有我想象地那么艳光四射，但也不令我失望。毕竟我们近距离见到了传说中的大美女还观看了她排演的节目。

中学时，我的班主任是一位美貌的英文老师。她的美让我们全班同学都十分骄傲和受益。有一次，我们班主任在黑板上给我们写测验题目。我们的政治老师，一位工宣队派驻学校的工人老师，在窗外倚窗而立，久久注视着我们美丽老师的背影。我们班主任慌得把试题的答案一并写了出来。政治老师在窗外嬉皮笑脸地说："泄答案啦！"美老师一扭头，嗔怪道："讨厌，都是你的错。"我们全班那一次的英语测验考了全年级第一。最重要的是，因着美女班主任，所有的男性任课老师对我们班都情有独钟。喜欢给我们班多上一会儿课或者有事没事到我们教室走一遭。我们班也因美女班主任名声大噪、"受益非浅"，被全校冠为"嗲婆班"。

可见，美女的影响力有多么巨大。最近，老公的小学同学们又通过微信联系上了。一群老同学最关心的就是班上曾经的小美女外号"小绵羊"的近况。每天微信的话题就围绕着小绵羊，仿佛童年所有美好的回忆都与小绵羊有关。有同学最后终于找到了小绵羊，小绵羊发了几张年轻貌美的照片却不肯露面。惹得一帮中年男子们欲罢不能。

我问老公："你们到底想不想见小绵羊啊？"他瞪着眼睛看着我说："想啊，当然想啦。"我说："既然想就别把她往神坛上推啊！你想想，你们在微信上不断传颂着记忆中她的美丽。现在她已不再年轻，即使美貌如初可也比不上你们记忆中添油加醋对她的想象。她都被你们逼成女神了，哪还敢出来与你们相聚。所以，你们要想在聚会中见到她，唯有以平常心来谈论她对待她。否则，她是不会露面的。"

想想看，一个活生生的美女硬是被人架到神坛上，她的一笑一颦都受到众人的膜拜。她还能像正常人那样生活吗？就如西西里的美女玛莲娜，她的美给她带来的是孤独、偏见和厄运。我们的美女班主任原在翻译局工作，因为众领导的太太们不喜欢她才被下放到中学当老师。而小绵羊最近托人带话给她的同学们：朗小是你们的天堂，我的地狱。听到这样的口信，老公和他的同学们顿时惊呆，一时无语。

我却想：美女们虽然有时因着美貌而历经艰险，但若是能以平常心来面对生命中的坎坷，她们还是会得到属于自己的幸福。就像西西里岛的玛莲娜最终收获了丈夫和少年雷纳多一生的挚爱和尊重。就像我们的美女班主任赢得了一批又一批学生们的传诵和思念。

红颜真的不一定薄命，只要美女们自己不把自己当作神。

两个女人的故事

小区里住着两个有着异国伴侣的中国女人。一个是上海姐，一个是山东妹。

上海姐插过队下过乡，身上具有那个时代优秀青年的显著特征——勤奋好学，刻苦耐劳。七十年代末她通过自学考上名牌大学。八十年代初她又通过不懈努力过五关斩六将留学加拿大。

山东妹是一个地道的打工妹。她家境贫寒，幼年丧母，继母霸道，故早早离家南下打工。在上海西餐馆打工时认识了加拿大小伙大卫，双双坠入爱河不久便在山东妹的家乡举行了盛大婚礼。婚后随夫移民加拿大。

上海姐靠着自己的聪明勤奋不仅拿到了博士学位，而且还找到了一份满意的工作。毕业后没多久便在小区买了房子。而上海姐本人也是才貌双全的女子，故上学时就被加拿大同学彼得追求。但彼得并没有娶上海姐，他们一直同居在上海姐的房子里。按理说，无博士学位无工作的彼得对供他吃供他住的上海姐当是感恩戴德。可事实并非如此，彼得常稍不顺心便离家出走。大家都为上海姐叫屈，可她在彼得面前就是一副美人气短的样子。聚会上只要彼得一开口，她便一脸温柔认真倾听，用不很地道的英文回应，而彼得却常常毫不留情地皱着眉头反问：你什么意思？这种反问使上海姐窘的更加词不达意。他们虽然共同生活多年，彼得不仅对中国一无所知，而且也不喜欢中国菜。为此，上海姐不但自己养成了吃洋餐的习惯，还强制探亲的妈妈和他们一起吃无味无盐的营养西餐。可怜老太太一辈子吃惯了中国菜，再营养的西餐也挡不过那肥而不腻、酥而不烂的红烧肉的诱惑。老人家最终也没能抵抗住对红烧肉的思念而提前回国了。彼得的眼高手低以及种族优越感使大家对他敬而远之，上海姐也因此远离了华人圈。

而山东妹虽长相学识一般，却有着一股特别的自信神情。当年与大卫谈对象真不能称为谈，确切地说是比划出的爱情。直到今天，山东妹已是一对儿女的母亲，与大卫说话，依然是山东腔普通话为主，一两句英文为辅，他们的交流是双语似的，你说你的英文，我说我的汉语。你来我往谈笑风声，其景煞是有趣。山东妹的家具摆设是纯中国式的，食品更是以中国饭菜为主。按她的话：外国人只会吃垃圾食品，大卫要不是多吃中国菜，现在还不知胖成什么样。大卫也很有同感点头称是。大卫因承包工程的缘故常到外地工作。家全由山东妹打理，她也不含糊，除了接送孩子上学外，课余时间便是送各种与中国文化有关的学习班。以至于一双儿女已成了中国社区里的小明星。但凡社区有盛大活动，大卫不管人在何处，一定赶回来做一份义工。

最近一次见到山东妹一家是在春节晚会上，她穿着鲜红的缎子印花旗袍，老公大卫挂着照相机忙着取景照像，碰到熟人便笑嘻嘻用中文喊一句："新年好！"

最近一次瞥见上海姐是在高速公路上班的路上，见她正神情落寞地独自驱车在另一条车道上。据说：她的彼得在半年多前又一次离家出走了。

两个女人都拥有着异国情侣，但结局却是如此不同，难道真的就是命运使然吗？

我思故我在

男女有别

抽空看了几个好友强烈推荐的林心如的最新影片<<遗忘>>。故事讲述的是一对的年轻夫妻的故事。他们结婚十年，却面临婚姻解体。 故事里的妻子是一位张扬跋扈的化妆品公司总经理，丈夫因为忍受不了妻子的强势和蛮横而希望离婚。然而，一场意外的车祸却让妻子患上暂时性遗忘症。 妻子遗忘的正是婚后十年内她所获取的地位、名誉和骄傲。 她变回到了从前的她——一位善良、纯真和质朴的小女子。因为妻子的转变，丈夫也意识到自己在婚姻中所犯的错误，复燃了对妻子的爱火。而妻子也在失忆中意识到成功后的自己对家人、同事造成的心灵伤害。夫妻因为这场意外的遗忘而摈弃前嫌，从归与好。

这个简单的婚姻故事却揭示了现今社会存在的价值观的问题。百年前的社会价值观认为：女人只能在家，出外工作是丢人显眼、不尽妇道。后果是男尊女卑。百年后的今天，现代女权主义倡导的是女性必须走出家庭、走向社会才能实现男女平等。而男女平等就演变成了女人在社会上要做与男人一样的事情，甚至要做比男人更多的事情。只有在社会的地位和金钱与男性保持一致，男女才能算是真正平等。

可是<<圣经>>告诉我们，上帝造女人的原因是因为神以为："那人独居不好，我要为他造一个配偶帮助他。"（创 2:18） 所以女性来到这个世界是以男人帮手的身份出现的。你可能不相信圣经的话语， 但你一定承认男女有别。没有男性会否认自己生不了孩子，也不会因为生不了孩子而感到羞愧， 那么作为女性为什么要为自己不能在社会上做出与男性一样的丰功伟绩而觉得失败呢？

女性特有的生理结构和特质注定家庭是她们最佳的工作舞台。而这个工作舞台却因着社会价值观的改变而变成了一个微不足道的地方， 在家庭工作的全职家庭主妇已然成为没有出息、没有身份、没有地位的女性代名词。的确，随着科学技术的进步，过去很多繁重的家务已被机器取代，作为现代的家庭主妇不需要整日用手操劳家务。正如影片中妻子对着要求她辞职回家的丈夫所言："我们没有孩子， 我每天早晨起来，打扫作饭洗衣服都用不了半天，我请问你，剩下的时间你要我做什么？" 对于这样铿锵有力的质问， 丈夫的确没有特别合理的回答。但当失去记忆的她如贤妻般的呆在家中，终于意识到自己在过去的五年里没有为丈夫烧过一顿餐、很多向往已久就在家附近的美景也没有时间与先生同往。繁忙紧张的工作不仅导致她无法尽妻子的义务，也让她失去了为人母的机会。

试想一个在事业上奋力拼搏的女人要想获得比男人更高的职位，她需要付出多大的精力、时间和体能？电影中的妻子何薇安是一位有工作天赋，能干精明的女人。这样一名女子，为了获取一个较高职位，尚且需要付出如此高昂的代价。那么一个普通更擅长在家操持家务的女子，为了获得和男性一样的工作机会，她又需要付出怎样的代价呢？

当社会舆论和价值观倡导的是：人价值的大小是由他（她）从社会中获取的金钱的多寡和在社会所处的职位高低决定。这，就造成很多原本乐意在家相夫教子和照顾老人的女子被迫走出家门，去做一些自己并不喜欢或不擅长的工作，来赢得所谓社会的价值。这样一味追求男女社会职位的平等，否定男女差异。究竟是家庭的幸还是不幸？ 是社会的进步还是社会的迷失？这或许是一个值得我们深思的问题。

所谓婚姻

对于婚姻，千种人有千种认识。最经典的流传于世的是钱钟书先生的围城说法："婚姻是一个围城，外面的人想进来，里面的人想出去。"

然而，不管人们用怎样的心情怎样的词汇去描述和表达对婚姻的认识和感悟，都无法否认婚姻的本质是"男女双方以共同生活为目的而缔结的，以夫妻的全权利义务为内容的合法结合"。这一本质就注定了婚姻决非儿戏，是一种受法律保护的两性关系。

或许许多人正是基于对这种严肃关系的望而生畏，去选择有婚姻实质而无婚姻责任的同居生活。他们以为这样既可享受婚姻的温暖又可享受来去自由的随意。

殊不知，世上哪有这等便宜的好事，不受法律保护的同居关系总会让其中一方惴惴不安、诚惶诚恐。这大概也就是当代最浪漫的爱情小说家琼瑶在与平鑫涛同居几十年后，还是守法地步入了婚姻的殿堂。想必同居最好的结局还是婚姻。

千百年来有无数的文人骚客用凄美的文字描述着所谓爱情，引得无数少男少女为之疯狂。婚姻作为爱情的最佳归宿反被误认为是爱情的坟墓。这种谬误让许多无知的男女为重爱轻婚付出了惨痛的代价。

爱情究竟是什么？爱情在诗人徐志摩的眼里就是两颗星交会时互放的光亮，所以结局就是"你记得也好，最好你忘掉，在这交会时互放的光亮"。我以为这是对于没有以婚姻为结局的爱情的最佳态度。因为在黑夜的海上，只要你是一颗星，你就会有无数的机会与其它的星星辉交映，然而请记住，"你有你的，我有我的方向"，千万别为了那短暂交会时互放的光亮而偏离了应行的方向。

所谓婚姻，在我这个小女子眼里是不同的阶段有不同的感受。初期的婚姻就像是女人的贴身内衣、男人的合脚鞋子。

这世界适合你的内衣和鞋子可以说成千上万，然而却没有一件内衣和一双鞋子是为你特制的。在你因着某种机缘套上了一件内衣、穿上了一双鞋子后，就当珍惜这肌肤相亲、荣辱与共的缘分。不要过多抱怨它的不舒服和管束。在约束你的同时，它们满足了你基本的需要，提供给你温暖的感觉。

若是你性急，一不舒服就立即脱下去换新的。你会发现那成千上万可以适合你的已大部分成为他人的珍品，还有那寥寥无几的剩余品与你曾经拥有的也相差无几，到头来很可能因你的挑剔最终落得个孤家寡人，好不凄凉。毕竟一生都不需要婚姻的男女还是少数。

所以，不要急！既然这个世界原本就没有什么为你特制的婚姻在等着你去享受，还不如耐下心来好好经营。好在我们伟大的上帝基于对人类无限的爱和怜悯，在《圣经》中不惜重墨地教导我们这些饮食男女如何为人妻为人夫。所以婚姻，在这个阶段更像是一所学校，在这里你学习爱、宽容和理解等人生最重要的功课。学好了，婚姻自然会越来越美满。即使因着某种不幸你还是失去了婚姻，你的那份努力和付出也会为你今后的生活带来意想不到的祝福。这世界没有白学的功课，没有无人要的金子。

因此，当你拥有婚姻的时候，要学会感恩！感谢生活给了你一个避风的港湾，感谢上帝赐给你一个明知你并不完美却视你为珍宝的另一半，感谢世界上有一个人总是在为你牵肠挂肚等你归家。到这个阶段和境界，所谓婚姻，就成了一件最最浪漫的事。就像那首歌中唱到的那样：

我能想到最浪漫的事

就是和你一起慢慢变老

一路上收藏点点滴滴的欢笑

留到以后 坐着摇椅 慢慢聊

我能想到最浪漫的事

就是和你一起慢慢变老

直到我们老的哪儿也去不了

你还依然 把我当成 手心里的宝

骑马记

　　或许是受了影视和画片的影响，骑马总带给我无限浪漫的遐思。心里常期盼有朝一日能策马奔腾在辽阔的草原或骑马漫步于夕阳下的群峰山峦间。

　　今夏到田纳西州的烟雾山（Smoky Mountains）　，发现有供游人骑马的机会。心中狂喜。真可谓"苍天不负有心人"。赶到山脚下的马场，问：是否有机会骑马。答：三十分钟后。问：需何手续和条件。答：只需在一份合约上签字并交现金无需任何经验。随后态度傲慢地递过一张合约问要不要玩。见身后又有一大群游客赶到，心想机不可失时不再来。接过合约看也不看就签上大名奉上现金。

　　三十分钟后见一群骑马游人归来，其中一女子脸色苍白双腿打颤。

　　问：为何？

　　答：路途艰险加第一次骑马不适。听罢心里一沉。有怯场之意。同伴中有骑马经验者及时给予鼓励。于是下定决心挺而走险。待坐定马背立刻就有横跨于空中之感，前后空空无依无靠。但已无退路只能随马前行。所骑之马个头不高却精力无限，在缓缓走了几步后就开始小碎步起跑。要不是山路狭窄且前面有其它的马挡道，真不知它会以什么样的速度奔向前方。也就在那个时刻意识到自己在不经意间已将生命交到了一匹马的身上。于是轻抚马背喃喃私语，望以柔情感化顽皮之马。马似乎也通人情，渐渐缓慢脚步。但无奈一路野草丰美，骏马难抗诱惑，时而小跑寻食，时而停足大嚼。就在这跑跑停停间，惊闻呼救之声。领头向导命大家安坐马上，他策马远去救急。得知同伴中有一人被马摔下，更是诚惶诚恐坐于马上。但马并不安份，在停顿间隙竟探头于悬崖峭壁外大寻其食。可怜的我脸色苍白，手心冒汗，紧握缰绳，唯恐一头栽下深渊。其时其刻，无论是眼前的如画风景，还是历史风烟中的蒙古骑兵皆不能平息那颗狂跳的心。一心只求结束行程，跨下马去。一个小时的行程因事故而多花了四十分钟。

这一个小时四十分钟的体验让我明白了不是每个人都能骑马潇洒。潇洒是要付代价的。正如养马场老板振振有词的辩护：骑马当然有风险，这就是我们为什么一开始就要你们签约，我们的马虽然受过训但它毕竟是畜牲，我们不可能知道它每时每刻的感觉。骑马前你们应该了解自己所能付的风险……。

风险，人生本身就是一场有风险的探索。不同的人，不同的天性，不同的境遇面对着不同的风险和挑战。只是在有选择的时候，我们能否冷静地自问：我能承受后果的代价吗？

输赢背后

——我看<<最强大脑>>

最近每个周末都会观看江苏卫视播出的《最强大脑》。这个节目让我大开眼界，见识到了深藏于民间的各路脑力精英的非凡表现。他们超人的辨识力、超速的运算力和超强的记忆力让我叹为观止。

中外 PK 赛中，中国最强大脑队与意大利最强大脑队的比赛，让我感触良多。中方队年仅 12 岁的李云龙在与同龄的意大利选手安德烈对阵前，主持人问两位选手平时业余爱好是什么。安德烈欣然回答是运动。他大部分业余时间都花在球场上。中国选手李云龙的回答是没有业余爱好，因为他自小所有的业余时间都被严格训练用掉了。

这让我想起，李云龙之前挑战晋级成功后，主持人也曾问过他，最大的心愿是什么？他说：能让他好好玩三天。

这两个年龄相同、经历完全不同的少年面对同样的挑战：在 50 对新人齐聚舞台后，两位选手蒙上眼睛，50 对新人打乱顺序站成一队。挑战者摘下眼罩后，需要在规定时间内，正确排列出舞台上新郎新娘的次序。李云龙仅花了一分多钟便完成挑战任务，意气风发地走回自己的工作台摆放新郎新娘的次序。安德烈表现沉稳，花了更多时间去记忆新人们、排列次序。当安德烈报出自己的答案验证记忆时，李云龙却因怀疑自己的排序答案而突然崩溃大哭，嘴里不住说道："我记对了，可我摆错了。"

他悲痛欲绝的表现让在场所有人不知所措，坐在台下的父亲不顾一切冲上台欲将其抱起，但泪水涟涟的他完全崩溃，站起来的劲都没有了。场上一度混乱。

虽然最终结果是他并没有出错，而且因为速度上的优势胜了对手安德烈，但这样的获胜让我悲喜交加。喜的是少年李云龙的确记忆力超人，他父亲对他多年的苦心培养终于获得最终胜利。可是细细回味李云龙的 12 年生命道路以及决战时的崩溃表现，我忍不住悲从心中起。李云龙的父亲李勇也曾是最强大脑晋级选手，因为成功地在 300 只鸡蛋中辨识出指定鸡蛋，被观众们亲切称为"蛋叔"。这位蛋叔虽脑力过人，人生却一直处于英雄无用武之地的境况，有了儿子后就将所有心力放在培养儿子上。

李云龙便是在这样的背景和父亲的希冀中学习和成长的。没有假期、没有娱乐、日复一日、年复一年接受各项严格的智能训练。我禁不住要问：如果没有《最强大脑》节目，那么，这个孩子什么时候才能获得他父亲认可的成功呢？什么时候他才能获得他期盼的连续三天的玩耍呢？

当然，如果我们一味地责怪他父亲过急的教育方式，似乎也太武断。因为蛋叔自少年到成年都怀才不遇，让他从来没有机会一展天赋，过人的天赋在他年少时反而成为他交友的障碍。这样的经历会让他渴望成功的心理强于常人。有了孩子后把自己未能实现的梦想寄托在孩子身上，如他曾在节目中表示的那样："希望儿子能站在自己的肩膀上，成为一个成功的人！"这也还在情理之中，只是分寸的把握实在难以拿捏。说白了，中国普通老百姓要获得成功仿佛就是要比欧美国家的人艰辛得多。李云龙在比赛时比安德烈记忆时间快了一点点，但他付出的努力巨大得让人心痛。

不过，我依然庆幸：江苏卫视推出了这样一个不一样的综艺节目， 让像李云龙和曾被认为是傻子的中国"雨人"周炜等脑力强大者被发现被认同被启用。我更期盼：当民主和科学在中国蔚然成风的时候， 我们会少一些偏激、多一些理性；少一些指责、多一些宽容。我也坚信：最强大脑属于中国！

耻辱的代价

一日在网络上漫游，一个名字突然跃入我的眼帘。这个名字曾经吸引过全世界的眼球，而后沉寂了十多年。这个名字就是莫尼卡·莱温斯基。

1998 年 24 岁的莫尼卡·莱温斯基因为与美国总统克林顿的婚外恋曝光，一下成为媒体的焦点。那时，我正在加拿大读书。加拿大的各大媒体也都争相报道这一桃色新闻。莱温斯基一夜间由一个普通的白宫见习生成为全世界最有名的女人。当然，这个名是臭名昭著的名。莱温斯基瞬间成为荡妇、淫女和坏女人的代名词。

成为众矢之的莱温斯基，从此背上耻辱的十字架，饱尝大众的嘲弄、讽刺和羞辱，忍气吞声地活在人世间。

这个事件让我联想起《圣经》里的一个故事：文士和法利赛人带着一个行淫时被拿的妇人来，叫她站在当中。就对耶稣说："夫子，这妇人是正行淫之时被拿的。摩西在律法上吩咐我们，把这样的妇人用石头打死。你说该把她怎么样呢？"

他们说这话，乃试探耶稣，要得着告他的把柄。耶稣却弯着腰用指头在地上画字。他们还是不住地问他，耶稣就直起腰来，对他们说："你们中间谁是没有罪的，谁就可以先拿石头打她。"于是又弯着腰用指头在地上画字。

他们听见这话，就从老到少一个一个的都出去了，只剩下耶稣一人，还有那妇人仍然站在当中。耶稣就直起腰来，对她说："妇人，那些人在哪里呢？没有人定你的罪吗？"

她说："主啊，没有。"

耶稣说："我也不定你的罪，去吧！从此不要再犯罪了。"

98 年的莫尼卡·莱温斯基就像千年前那个行淫的女人一样，被媒体和政客们押送到大众面前。虽然人们手中不再拿着石头，可人们嘴里吐出的各种批评、论断和嘲讽也如石头般沉重的砸向这位年轻女子的身上。人们在激烈地批判她时， 似乎都忘记了自己其实也是一个罪人，内心也充满了各种私欲、嫉妒和贪婪。都忘记了我们也是需要常常被饶恕的人。

是的，年轻的莱温斯基的确是犯了错，爱上了一个不应该爱的人。然而，这并不意味着：她该为此付出所有人格和名誉的代价，成为大众嘲弄的那个女人。

扪心自问：我们谁没有犯过错犯过罪呢？我们都希望在自己的错罪面前，有一个温柔的声音对我们说："我也不定你的罪，去吧！从此不要再犯罪了。"

最近，41 岁的莱温斯基终于勇敢地站在大众面前，以亲身经历来谈论耻辱的代价，为着许多和她一样犯错的年轻人寻求公正的待遇。

的确，现在该是大众反省的时刻。在面对犯错的人，我们是手拿石头、口吐恶言？还是效仿基督、真诚宽容？相信每个人都会有犯错的时候，让我们谨记耶稣的那句："你们愿意人怎样待你们，你们也要怎样待人。"

耻辱的代价应当就是："去吧！从此不要再犯罪了。"

无法替代的母语

  最近看了一部国产电影<<母语>>。故事讲述了一个有关代孕的故事。一对年轻夫妻非常相爱，妻子美貌能干，是一家电视台的知名记者。丈夫是留学海外多年的生物科学家。郎才女貌的夫妻唯一的遗憾是没有孩子，不是他们没有生育能力，而是妻子没有时间和精力浪费在怀孕生子上。于是他们决定依靠高科技，借人肚腹为他们生个有着他们共同基因的孩子。在几番面试后，他们选中了一位年轻漂亮的异乡女孩子做他们孩子的身生母亲。女孩子成功地怀上了他们的孩子。十个月后，年轻的夫妻得到了梦想中的女儿，然而小婴儿只认那个生她哺育她的女孩子。最后，女孩子忍痛离开孩子回到故乡，年轻的夫妻也分了手，丈夫独自一人承担起养育女儿的责任。

  看完电影后，内心有着难以言表的惆怅。历史已经让人类走进了一个高科技的时代，人类能够做的或想做的事情似乎都可以利用高科技完成。人定胜天也似乎不再是痴人说梦。然而奇怪的是，人类利用高科技得到的很多想要的结果常常不是祝福而成为咒诅。就如剧中的夫妻本想依靠高科技为他们造一个爱情的结晶，没想到孩子是得到了，爱的关系却破裂了。又比如说许多年轻的父母为了避免孩子的打搅，给孩子买上各种电子游戏，孩子的确如他们希望的那样，不再缠绕他们打搅他们。然而可悲的是，最终他们与孩子的唯一纽带就是不断更新的电子游戏。

  在网络资讯交通发达的今天，很多有情人以为：无论天涯海角，只要相爱，距离不是问题。网络的确能让情侣们谈天说地，也能让彼此看见对方的音容笑貌，却无法帮助人们节省掉建立爱的关系所必需要的朝朝暮暮、肌肤相亲缩短人与人之间心的距离。 距离最终成为异地恋情侣们分手的主要原因。

今天， 高科技的确给人类生活带来了前所未有的便利和舒适，也能够将两个人的基因转载到另一个人的体内，但却无法将母子间血肉相连，心灵相契的爱的关系转载。因为高科技不是上帝，不是万能的。它无法打破上帝所定下的一切自然规律，更无法替代人与人之间爱的关系。

爱似乎是上帝赐给全人类共同的母语。因着它的存在，呱呱坠地的婴儿才能得以存活、年迈的老人才能得以善终、人类才能生生不息。 当我们过度追求高科技和自我价值而遗忘了爱的母语时，我们也终将如剧中的人物一样失去生命中最可珍贵的东西。

给哭泣的女孩

有段时间我因工作关系常常坐飞机，一次在我乘坐的班机上有很多小朋友，年龄大多在五、六岁左右。他们拖着自己小小的卡通行李箱紧随父母，待行李安顿好后又都安安静静地坐在父母身旁等候飞机起飞。我看着他们小大人似的得体行为，心里有一种说不出的感动。

可是就在飞机起飞的刹那间，一个女孩撕心裂肺的哭声响彻整个机舱，她边哭边喊着"NO，No……"。她的父母及乘务人员用尽各种方法都无法使她平息，随后儿小时的飞行就是在她的哭声中完成。待下飞机时我终于看到了那个躺在爸爸怀里哭得精疲力竭，满脸通红，还在声音嘶哑地喃喃说着"NO"的女孩。当我的眼光在她粉嫩悲伤的脸上逗留的瞬间，原本厌烦的心突然间充满怜悯。

哭泣的女孩啊，你可知道，人生就是一场无法预计的旅程。有些行程是我们渴望的，有些是出乎我们想象的，还有些是我们惧怕的。可是在你无法避免必须前行的时候，让我们用平静的心去面对，去体会。在你痛哭的几小时里，你错过了很多只有在天上，只有在这班飞机上才能看到的美景，你错失了和其他小朋友一起玩游戏交朋友的机会。

孩子，你可能会说，我不在乎失去这些，我只在乎我的感受我的痛苦。孩子，你还小，别人还能容忍你的任性，但千万别养成只顾自己感受的习惯，因为一个以自我为中心的人在旅途中会轻易地失去同伴。孤单的旅程里没有人会再为你擦干眼泪。

　　所以，孩子，请千万记住：人生虽然是一场无法预计的旅程，但你可以选择你的态度。在下一次无可避免的旅途中学着像其他孩子一样选择好奇，选择平静，选择接受。只是不要选择自怜。你一定会发现人生中任何一趟旅程都有它特殊的意义。但只有一颗平静的心才可以领悟到。

幸福是一种选择

几天前看到一张画片，画片上一个南美洲的中年男子开着一辆拖拉机似的车子，车上拥挤着三十几个孩子，每个孩子的脸上都绽放着天使般幸福的微笑。他们的微笑这样深切地感染着我，以至于几天来孩子们的笑脸常会在脑海中出现。由此我渐渐感悟到，幸福其实是一种选择。无论我们是贫穷还是富有，无论我们身处何地，如果我们选择幸福，我们就能幸福的生活。

记得几年前曾读过一个农民工诗人的故事。这位年轻人生活在城市的最低层，有时候甚至朝不饱夕，可就是在这样的状态下，他写出了大量歌颂生命赞叹生活的动人诗篇。有人采访他问道："你的处境这么差，你怎么还能每天面带微笑幸福的生活呢？"诗人回答说："我没有能力改变环境，我却能改变对生活的态度。刚到城里打工时，我曾经也有一段时间很不快乐，但不快乐并没有给我带来任何益处，于是我开始写诗写让人振奋的诗，写着写着我对生活的态度就改变了，尽管我生活的处境还没有太大的变化，但我内心却很幸福…"

诗人过着清贫却幸福的生活，是因为他从心底里选择幸福。相反我也常常看到很多生活富裕的人过着自闭忧郁的生活，最后不堪孤独痛苦的折磨而走上自杀身亡的道路。当然这并不是说，富有的人一定不幸，贫穷的人才会幸福。像比尔·盖茨那样富有并幸福生活的人比比皆是。

有人或许会说，可我的境遇实在无法让我感觉幸福。如果我假装幸福不就是自欺欺人吗？没错，境遇不好的时候，我们的感觉常常是低落的。然而，你有没有想过，你是跟着感觉走，做感觉的奴隶；还是引领感觉走，做感觉的主人。因为愁也是一天，快乐也是一天。生活不会因为你的愁苦而变得好一些，而你的快乐态度却能慢慢地不自觉地给你带来幸福感觉。你不能改变环境，但你能改变对环境的态度。

如果你决心要幸福的生活，你就要摒弃一切让你不快乐的思维方式和习惯，取而代之以一颗知足而感恩的心。有了这样一颗心，幸福自然会来到你的心田。而一颗永不知足的心无论是富还是贫都将与幸福无缘。幸福的关键是你是否有意识有决心要幸福。

幸福真不是一个遥不可及的梦想。她就在我们的身边眼前，就看你有没有决心去选择它。因为，幸福其实就是一种选择。

因为爱，所以像

读冉平的<<蒙古往事>>，其中有一句话深深印刻在我心上。那就是"因为爱，所以像"。

说此话的人是成吉思汗的母亲。它的背景故事是这样的：成吉思汗在成为蒙古草原上的大汗之前，名字叫铁木真。他虽然血统高贵，但少年丧父，孤儿寡母艰难度日，受尽他人欺负。娶妻不久，又有世代仇人蔑尔乞人将其妻掠走。后来在朋友和义父的帮助下，杀了仇人夺回妻子，可妻子已经怀上了仇人的孩子。这个孩子就是他的头生了术赤。孩子与铁木真虽然没有血缘关系，却是四个儿子中最敬爱父亲的一位。

术赤处处效仿铁木真，走路的姿势，说话的口气，眼神，脸上的表情，一举一动。于是术赤的母亲就对她的婆母,也就是吉思汗的母亲说："他太像铁木真了，他热爱他的父亲。" 婆母回答说："因为爱，所以像。"

这句话虽然简短，但却道出了一个掷地有声的真理。这个世界上除了基因还有另一种原由能让人彼此相像 — 那就是爱。

环顾现实生活，我们不难发现许多"因为爱，所以像"的例子。平凡的例子：一对夫妻。无论他们婚前五官、身材有多大差异，相爱久了，便渐渐生出让人一眼就能辨认的"夫妻像"。

伟大的例子：特蕾莎嬷嬷。她爱耶稣基督，爱到能在加而各答街头每个贫穷者的脸上看见悲伤的耶稣。今天虽然没有一个人见过真正的耶稣，但每个人都相信特蕾莎嬷嬷是这个世界上最像耶稣的人。

在基督教的信仰中，上帝给人的最大的诫命："你要尽心、尽性、尽意，爱主你的神。"为什么？仔细想来，可不就是"因为爱，所以像"。上帝希望我们拥有像他一样谦卑、怜悯、慈爱、公正等美好品格。所以才要求我们竭尽全力去爱他，唯有爱他我们才有可能像他。

基督教信仰的核心就是一个"爱"字。这个爱与我们通常理解的爱大相迳庭。世俗的爱大抵就是：你有情来我有义；你若无情休怪我无义。而上帝的爱却是："爱是恒久忍耐、又有恩慈。爱是不嫉妒。爱是不自夸。不张狂。不作害羞的事。不求自己的益处。不轻易发怒。不计算人的恶。不喜欢不义。只喜欢真理。凡事包容。凡事相信。凡事盼望。凡事忍耐。爱是永不止息。"这样的爱是包含舍己和牺牲的。

唯有这样的爱才可能蕴藏无限力量。才能超越种族、超越世仇、超越血缘。术赤，一个本来不能被接受的生命因为爱被接受了；铁木真，一个本来有着杀父之仇的人因为爱被敬重了。

当我们在基督徒身上看不见一点基督的形象时，唯一的答案就是他（她）爱神不够。有多少爱就有多少像。当人爱神如特蕾莎嬷嬷爱耶稣那般，什么样爱的奇迹不能发生呢？

"因为爱，所以像"真是道尽了真爱的力量。

被遗忘的郁金香

初春的傍晚，我们一家漫步在小区里，惊讶地发现很多人家的草坪上郁金香已经开花了。黄昏中的郁金香被夕阳镶上了一道美丽的金边，我们被它们的美深深吸引，禁不住停足观赏。

就在我欣赏和赞美着他人的郁金香时，突然想起去年暮秋一友人特地送我几株郁金香根茎。我在冻土前把它们匆匆栽入后院后，就把它们彻底遗忘了。现在想必它们早就在我的疏忽中胎死腹中了吧。

当我们散完步，怀着好奇的心情走进后院时，我一下惊呆了。几株鲜红的郁金香象火似地灿烂地怒放着。那一刻，我又欣喜又惭愧，就像一位母亲突然面对自己生养却从未尽责抚养过的已经在不经意中长大的孩子。那个黄昏，我在那几株盛开的郁金香旁坐了很久也想了很多……

在今天这个繁忙和物质化的世界里，我们正在遗忘或轻视我们曾经种植的一些渺小的种子，只是在这些种子开花结果给这个世界带来无限美好时，我们才真正懂得这些平凡种子的价值。

我们每天追逐和羡慕着他人的拥有，却常常忘记自己曾经或正在拥有着同样值得欣赏和珍惜的东西。贪婪驱使着人们不断追逐不属于自己的东西。良知也在激烈的争战中消失殆尽。人与人之间出现了永不可跨越的壕沟。人类由此便进入了无法停息的争斗中。再多的拥有也无法让冷漠的心变得温暖。

　　眼前这些被我遗忘的郁金香也仿佛正在提醒着我：生活在这个地球上的人类从大自然中所获取的，远远超过了对它的贡献。当我们每天都在享受着大自然丰富的资源时，请保有一份珍惜的情怀，一颗感恩的心。一份珍惜的情怀会消除人类不必要的争斗。一颗感恩的心将会像初春时盛开的郁金香给这个世界带来意想不到的美丽。

做真实的自己

在美国众多的脱口秀（Talk Show）节目中，我最喜欢的就是著名女主持人奥普拉（Oprah）主持的"The Oprah Winfrey Show"。这个节目不仅充满了人文关怀，而且一直在帮助人们寻找真实的自己并且鼓励人们去做真实的自己。

做真实的自己对大多数人来说都不是一件容易的事。因为在漫漫的人生路途中，在复杂变幻的人世间，许多的真我被风尘所掩埋，被谎言所欺骗，被世道所扭曲。外在和内在的原因让很多人远离了真实的自己，无奈地走上他人或环境所逼的人生轨迹。比如说：很多人从呱呱落地起，他们的父母就把自己的愿望或未实现的梦想寄托在他们幼小的生命上，孩子成了父母生命和梦想的延续。还有东方特有的教育体制更是像机器一样将拥有不同个性不同天赋的孩子们放在一起，用刻板的教育方式和考试制度将所有的孩子刻成相似模型。很多人就在这长达十多年的父母的期盼中、学校的教育下渐渐迷失了自己，失去了作为一个独特的个体所应有的独立的思考能力以及对自我生命价值的追求。有些人在垂垂老矣时，才发现那个幼小的真我在心灵的最深处哭泣，因为他们从来没有机会成长壮大，从来没有机会以他们最真最美的面貌去面对这个世界。一个人活了一生从来没有从心而活，这不能不说是人生最大的悲哀。

奥普拉在她告别舞台的最后一场秀中说道："Everybody has a calling, and your real job in life is to figure out what that is and get about the business of doing it."（每个人都有一个呼召，你生命中最真的工作就是发现这个呼召是什么并且用此工作）。

的确，我们每个人的生命都有一个呼召。正如诗人李白所说：

"天生我才必有用"。我们一生的使命就是发现自己的才在哪里，然后将才能发挥出来服务于他人和社会。只有做真实的自己才能真正做到："人尽其才"。

做真实的自己听上去容易，做起来难。因为真实的自己有可能并不符合潮流，真实的自己并不强大、真实的自己也不够聪明、真实的自己在他人眼里并不美丽，等等。这种种的原因让很多人即使发现了真正的自己也羞于做自己。然而放弃真实的自己，奋力去做他人眼里的成功者，其结果往往适得其反，不仅得不到想象中的成功，而且会丢失掉原本属于自己的辉煌。我有一个朋友，原本是做老师的。后来经商热兴起，他也赶潮流下海做生意，开始钱是赚了一些，然而他发现自己并不快乐。做老师其实才是他的最爱。但在有钱的商人与清贫的老师两个角色中，他犹豫不决。后来做生意的人多了，竞争更加激烈了，他每天都在高压下奔波，在抱怨中叹息自己的"一失足成千古恨"，不能回到校园做自己最擅长的工作。

的确，接受真实的自己和做自己都是需要勇气的。因为接受真实的自己有时是需要牺牲一些名誉、一些地位和一些利益；做自己也可能需要颠覆你长期以来所信奉的人生观和价值观。特别是当有人没有做真实的自己，只是追随着潮流并且还取得小小的成功后，接受真实的自己和做自己似乎就变得难上加难。但当你跨越一切拘绊你做真实的自己的障碍后，你会获得从未有过的自由、轻松和满足的感觉。

一个资质平凡的人因为有勇气抛弃束缚自己的错误思想和社会潮流，坚持不懈地追随自己的梦想，他平凡的生命就会因为完成了自身的使命而充满意义。在我过往的几十年岁月中，最感动我、鼓舞我、给我生命留下最多印记的就是那些愿意做自己的人。

生命如此短暂，让我们鼓起勇气，放下一切，每天给自己一点空间和时间与自己的心单独相处，你会发现你与生俱来的天赋以及属于你的生命呼召。它们就是你，就是那个最真实最本质的你。

听从你内心的呼唤、追随那久远的梦想，做自己吧！你单调被动的生活不仅会变得充实和有意义，你普通平凡的生命也会因点燃了内在的火花而变得奕奕生辉。朋友，珍爱生命，做真实的自己吧！

想念春暖花开时

已经是三月中旬了，窗外依然是北风呼啸、风雪交加。2014年的冬季是我生命中最严寒也是最漫长的一个冬季。连绵不绝的风雪让人举步维艰，与自然的接触每天减少到最多几十分钟之内，还是因为遛狗的缘故。

每天，看世界是透过厚厚的窗户玻璃，这种几近被囚禁的日子很容易让人忧郁。

每天透过玻璃门窗看雪花飞舞，不再觉得它们是天地的精灵。心里想着的就是：我想要一所房子，"面朝大海，春暖花开"。

这是谁的诗句？那么美丽，那么温暖。这么想着想着，那些有关诗的记忆就像窗外飘着的雪花开始纷飞在我心灵的天空中。

1980 年代的中国大学校园真的是诗意盎然。所有让我们感动的诗词都成了口中吟诵不绝的圣经。那些古今中外的诗人们如：李清照、雪莱、裴多菲、北岛、舒婷、席慕容还有那个写下："黑夜给了我黑色的眼睛，我却用它寻找光明"的顾城，是我们那一代热爱诗歌人顶礼膜拜的偶像。

虽然就读的是工科院校，同学们对诗的狂热并不亚于文科生们。不经意地漫步校园，某个角落会传来：

你好！欢乐的精灵！

你何尝是鸟？

从悠悠的天庭，

倾吐你的怀抱，

你不费思索，而吟唱出歌声曼妙。

朗朗诗句。

你忧伤时，有人会对你说："假如生活欺骗了你，不要悲伤，不要心急。忧郁的日子里需要镇静：相信吧，快乐的日子将会来临"；在你恋爱时，你会听到这样的誓言："我们分担寒潮、风雷、霹雳，我们共享雾霭、流岚、虹霓"；在你失恋时，你会在诗句中渐渐明白："你我相逢在黑夜的海上，你有你的，我有我的，方向。"

那时候，诗真是无处不在。它带给我们的不仅仅是快乐、希望和满足，更多的时候是给予了我们精神的力量。

1988 年告别校园的时候，也是我告别诗意青春的时刻。工作中的忙忙碌碌、生活中的柴米油盐、婚姻中的喜怒哀乐，让我远离了诗歌的伊甸园。听到海子这个诗人名字的时候，他已经将他的生命交付给了冰冷的铁轨。他的那首《以梦为马》成为我心中的最爱：

"我要做远方的忠诚的儿子

和物质的短暂情人

和所有以梦为马的诗人一样

我不得不和烈士和小丑走在同一道路上

万人都要将火熄灭

我一人独将此火高高举起

此火为大

开花落英于神圣的祖国

和所有以梦为马的诗人一样

我借此火得度一生的茫茫黑夜"

……

海子离世时，也是诗歌与我们渐行渐远的日子。我没有想到的是，海子如火般的诗句会在他离世四分之一世纪后的冬季，再一次掀动起我对诗的怀念。我更没有想到的是，那些我以为早已被我遗忘的诗句，会在这个最寒冷的冬季带给我如此温暖的记忆。

望着壁炉中熊熊燃烧着的火炭，我在想：假使 1989 年的冬季不那么漫长；假使海子的诗集早一点出版；假使诗人读懂了《圣经》里："在指望中要喜乐，在患难中要忍耐。"

或许，今年 50 岁的他真的已经是一个幸福的人。拥有了一所房子，面朝大海，春暖花开。然而人生没有假如，一切都无法逆转。我只能在这个乍暖还寒的时节，借用诗人自己的诗句怀念他：

春天，十个海子全都复活

在光明的景色中

嘲笑这一野蛮而悲伤的海子

你这么长久地沉睡到底是为了什么？

都有一颗红亮的心

"我家的表叔，数不清，没有大事不登门……" 清亮的唱词回荡在春节晚会演出大厅。我记忆的闸门在熟悉的音乐声中缓缓打开，那些尘封的往事像黑白影片似的在脑海中一一浮现。

片中那个两步一跨三步一跳向我奔来的十五六岁有着粉红脸蛋，黑亮眼睛扎着两条起肩发辫的少女，是被我称为"姐姐"的珍，她喘着气跑到我跟前说："莉莉，给你看样东西。"一边说一边从背着的黄书包里掏出一张黑白照片，那是李铁梅双手握着长辫的全身剧照。我才看了一眼，姐姐就从我手中把照片拿了过去。她拿着照片在我面前摆了一个铁梅的姿势，扭头问我："像不像？"我几分崇拜几分羡慕地答道："像！特别像！"

那个时代有很多的英雄，也有很多英雄的扮演者，但人们却从不会将英雄的扮演者与英雄划等号。人们记住的是英雄的名字：铁梅，李玉和，王芳，阿庆嫂，李向阳，潘东子等等。那是一个无星的时代，那是一个讴歌英雄的时代。英雄的伟大事迹影响着感召着那个时代的每个人，年轻人的心中几乎都有一个英雄的榜样。记得姐姐常常独自深情地朗诵：雷锋，你只有二十二岁，二十二岁是一个什么样的年龄啊！……

对英雄的崇敬和向往激励着姐姐在不到二十二岁就得到了"省劳模"的称号，也激励着无数和她同时代的青年们为祖国的繁荣昌盛无私奉献青春和热血。

岁月如梭，光阴荏冉。时代的车轮把我们载入了一个新的世纪，我们在不自觉中进入了一个明星璀璨，英雄不在的时代。电影明星、歌星、舞星、球星甚至脱星通过电影、电视和网络进入到人们的生活。他们的诽闻逸事成了各大媒体竞相报道的热点。追星族、粉丝应运而生。年轻人效仿着明星们的一举一动，为从未谋面的星星们激动，欢欣和流泪。在通往明星的道路上挤满了渴望能一夜成名的年轻人。英雄的故事成了遥远的神话。而曾是"省劳模"的珍姐姐如今又在大洋彼岸的工厂里尽情挥洒着生命的光和热。我知道：那段激情燃烧的岁月已深深融入了她的生命。

在英雄寥寥，繁星闪烁的夜晚，我突然如此怀念那个高唱着"都有一颗红亮的心"的黑白时代。

希望、梦想和爱

女儿从电影院回来就向我强烈推荐好莱坞最新制作的音乐大片《 Les Misérables》（悲惨世界）。女儿对于这部片子的喜爱和感动让我有点吃惊和好奇。

趁着电影还在上映，我和先生赶紧买了票进了影院。法国知名作家雨果的这部巨作近百年来一直被人们用不同形式演绎和传诵着。将其改编成音乐剧的形式搬上荧屏还是第一次。电影一开场的画面是这样的：几十个衣衫褴褛的囚徒们在凛冽的寒风中、在刺骨的海水里艰难跋涉，为巨大海轮拉纤。

就这一个画面就让我的心因疼痛而紧紧缩起来。这是人间吗？还有什么样的生活比这还悲惨？ 有！随着剧情的发展，我们看见的不仅仅是男人们的贫穷潦倒，还有女人们的无奈和堕落，更让人心碎的是孩子们的无助和羸弱。这个悲惨的世界似乎无可救药！

然而雨果的伟大就在于，他看见的不仅是那个时代悲惨的表象，还看见涌动在这个表层下深藏于人心底里的希望、梦想和爱。

主人公冉·阿让因着对自由生活的向往，不顾一切地一次次越狱，最终逃离囚禁他的牢笼。

然而，一个逃犯的希望很快就被现实的残酷击败。四处碰壁的他，眼中的希望一点点被绝望和仇恨所取代。

但是，上帝没有抛弃他，主教的银器不仅让他有机会重新做人，更让他第一次发出生命的疑问："我是谁？"

　　显然，一个人真正的转变和成长必然来源于这样一声质问。只有在追寻这个生命答案的过程中，人才能发现真实的自己，才能找到我们活着的意义。

　　如果说冉·阿让心中的希望让他获得重生的机会，那么妓女芳汀的梦想——I dreamed that love would never die（我梦想爱永远不会死）。I dreamed that God would be forgiving（我梦想上帝会饶恕）——让她可爱的女儿珂赛特有机会成为冉·阿让的义女，在义父爱的怀抱中健康成长。

　　珂赛特和共和党人马吕斯的爱情更是将母亲芳汀关于爱的梦想变成了现实。而多年来一直用心追捕冉·阿让的警察沙威在他高尚人格前羞愧难容，投河自杀。

　　原来人世间最悲惨的不是物质的贫乏、人情的冷漠、世道的艰难，而是希望的破灭、梦想的失落、爱的缺失。

　　雨果的《悲惨世界》让我看见，远离爱的革命只能以血腥暴力为终结，希望和梦想只有在爱中才能变为现实。

　　冉·阿让在生命结束的时候，我相信他已经明白他是谁——他是上帝的孩子，是爱的使者。他生命的意义就是用尽一生的力量去宽恕、去包容、去爱这个世界，让悲惨的世界因着爱而一点点地变得美好。

　　当三个多小时的电影结束时，我情不自禁地站立起来，为这部精湛的音乐片鼓掌喝彩！那一刻，我突然明白了这部片子深深感动女儿这一代年轻人的心的缘由：因为希望、梦想和爱是无论哪一代人都不可缺少的生命元素。

不一样的圣诞节

2012 年的圣诞节来临前，家家户户的门前早已是张灯结彩。广播电视里充斥着节日的欢歌和笑语。

然而，12 月 14 日发生在康州纽镇小学的枪击案依然如铅般沉重地压在我心上。我无法像往年那样兴高采烈地沉浸在节日的气氛中。我也无法想象失去了亲人的 28 个家庭如何面对即将来临的圣诞节，如何面对早以预备好的圣诞礼物，如何面对餐桌旁空着的椅子……

2012 年的圣诞对于 28 个家庭来说会是最伤痛的圣诞节。对于这些家庭来说，这是没有孩子欢笑的圣诞节。

美国， 这个全世界最讲人权的国度，如何向这些瞬间失去亲人的家庭解释人权？ 一群手无寸铁的无辜孩子被一个可以自由拥有枪支的美国公民夺取了他们最基本的生存权。这就是美国政府引以为荣的人权吗？

奥巴马总统在 12 月 16 日晚上的悼念会上表示："我们已经不能再容忍这种悲剧的继续发生，这一切必须改变，现在已经别无选择。"

是的，面对逐年递增的枪击案，面对越来越多的无辜伤亡者，美国已别无选择。是该采取行动了。 枪支的问题、精神病人的问题以及隐藏其后的许多社会问题都已经迫在眉睫。它们不只是一个国家的问题，而是每位生活在这个世界上的人的问题。作为社会的一份子，我们不应该袖手旁观。我们应该做一些我们能做的事情。比如说：坚决抵制那些带有暴力倾向的游戏、电影和电视节目，有勇气对那些打着人权旗号、紧握着他们手中武器的人群说不，也应该负责任地将精神出问题的亲属和家人送至医院救治。而每位持枪者也应该扪心自问：我们真的需要拥有枪支，需要拥有那种杀伤力极强的战斗武器吗？那些无辜受害者真的与己无关吗？

2012 年连续不断的枪击案，几十个生命倒在枪口下。我在想：人们会不会在此起彼伏的枪声中渐渐麻木，对于无辜生命的猝然逝去习以为常？ 人们会不会在失去安全感的同时，也丧失了爱心和同情心？ 孩子们会不会因为恐惧远离社会，导致更多的精神疾病？

2012 年的圣诞节已注定不再是一个充满欢乐的节日。在鲜花、蜡烛和宴席中，愿我们能纪念那些逝去的生命、能安慰那些流血的心灵、能祝福那些破碎的家庭。愿纽镇小学的悲剧永远不要再发生！

一份作业引发的思考

　　一日女儿很兴奋地告诉我，他们的英文老师要他们写一份关于革命的 Project。 她准备选中国的文化大革命作为题目。我问她："为什么选文化大革命？" 她答："中国的文化大革命是我读到的所有革命中最特别的一次革命，我想知道为什么会爆发这场革命。"我笑说："你要是完全弄清楚了这场革命爆发的真正原因，那你就是研究文革的半个专家了。"她若有所思的看看我，突然问："妈妈，你怎么看待毛泽东这个人？"我对她的问题有点吃惊，一个十五岁的少女，生命中的十多年光阴在国外度过，居然要和我谈毛泽东？！我反攻为守地问："告诉我，你现在的有关毛泽东的印象。"她很认真地答道："我还没收集到足够的资料。不过，我觉得很多贫穷的人对他十分热爱，而有钱人就不喜欢他。他好象是个杀富济贫的人。"说罢她再次发问："妈妈，你认为毛泽东为中国人做的最大的好事是什么？"又一个尖锐的问题！这次我不能再推脱了，十分小心地回答说："就我个人认为，毛泽东所做的最大好事是让中国人民从东亚病夫变成了一个不可小觑的民族，他让中国人民真正站了起来，中国变成了一个独立自主的国家。我不是研究政治的，这只是我现在的个人观点，你以后了解多了可能会有自己的观点。"她似乎很满意我的回答。笑笑地走开，上网去查资料了。

　　两个星期后，我问女儿的 Project 做得怎样。她说非常好。她对毛泽东有了更多的认识。她说毛泽东的第一个五年计划是成功的，但他的大跃进是失败的。文化大革命的爆发有经济的原因但更多的是政治原因。她提到刘少奇，邓小平，四人帮以及红卫兵等等。末了还特别强调："这只是我现在得到的一些认识，以后我了解了更多，我的观点可能会有变化……"

望着侃侃而谈的她，我禁不住对北美的教育方式产生了深深的敬意。在我看来，教育的最佳结果之一就是要让人学会跨越种族、国界、宗教、党派的界限，以客观公正的态度看待事物评价历史。当学校帮助孩子养成理性思考的习惯，那么学校就真正实现了教育的精神。当每个个体都拥有了独立思考的能力，人类就不会再轻易地陷入愚昧和盲从的陷阱。

教育对人有着不可低估的巨大影响。为了历史的悲剧不再重演，为了人类的和平与进步，摒弃灌输、选择开明，当是教育发挥其最佳影响的方式吧。

生命是一袭华美的袍

　　一天清晨从睡梦中醒来，脑子里跳出张爱玲的一句名言：生命是一袭华美的袍，爬满了虱子。令我惊讶的是：这句曾经让我百思不得其解的话，那一天黎明却如一颗颗闪亮的繁星闪烁在我心灵的天空，我刹那间领悟了它们内藏的涵意。

　　原来这句话里所指的生命是有一定范围的，不是指芸芸众生。虽然这个生命之前没有定语，很多像我这样的读者就会以为那个生命也包括自己，其实那就是年幼无知时自作多情的误读。那天清晨，我醍醐灌顶般地意识到："生命是一袭华美的袍"里的生命是指作者自己以及那些和她一样有名有才的人。

　　只有让众人羡慕追捧的生命才可能被称之为华美，不是吗？想想看：有多少件我们拥有的衣服会被我们称之为华美的袍？最多一、两件而已。同样，能成为名人的人也是少数。当人成为别人眼中的亮点时，不管他（她）愿意或不愿意，他（她）的生命就不再是一件简单的衣服，自觉不自觉就成为他人眼中令人羡慕的华袍。

　　既然生命成了华美的袍，生活难免就会变得繁复起来。听到掌声多了，面对的诱惑也就多了；看到的鲜花多了，遇到的陷阱也就多了；太多的好东西就很容易招蜂引蝶。与蜂与蝶相伴的可能还有臭虫和虱子。这本不是一件令人费解的事，可让我惊奇的是，太多普通的生命，在看见那些华袍里被曝光的虱子后的欣喜和羡慕。

　　他们奔走相告：看看看谁谁又出事啦！在批评和指责的背后，恨不能把那些虱子放在自己身上。可惜的是：他们忘记了，简单的衣服不会因为爬满了虱子而变成他人眼中的华袍。更不是所有的华袍都爬满了虱子。把眼光从注视别人挑剔别人中收回来，看清自己了解自己。不管生命是华袍还是简装，诚诚实实做人、认认真真做事，我们才可能真正品味到生命蕴藏的甘甜。

生命可以是一袭华美的袍，但不一定非要爬满虱子。